JN062985

誤訳の常識

NAKAHARA Michiyoshi

中原 道喜
［著］

金子書房

は　し　が　き

Translators, traitors.　（翻訳者は裏切り者）

これはイタリア語のことわざの英訳である。

「裏切り」にもさまざまな種類と程度があるが，たとえば，原文の味わいを伝ええない"直訳"や，原文への忠実さを欠く"意訳"も，このことわざのいう裏切りに含まれることになるのであろう。

しかし，"直訳"も"意訳"も，『表現』の仕方の問題であって，ふつうは「正訳」か「誤訳」かを区別する要素にはなりえない。

「誤訳」とは，原文の『解釈』を誤ることから生じる訳文である。

この『解釈』の誤りには，さまざまな種類があるが，本書では多様な誤訳のなかから，なるべく典型的で活用度の高いものを選んで分類・解説し，誤訳の実態が一通り会得できるように編まれている。ふつうの英文解釈によっては気づくことのできないような，英語の微妙な諸相に触れることもできる。

本書は，前著『誤訳の構造』および『誤訳の典型』と同じく，"あら探し"から最も遠い立場に立ち，「人の常」である誤りからできるだけ多くを，楽しく，興味深く学ぶことを編述の目的としている。多様な誤りのユニークな独創性に感心したり，珍重すべき奇抜さを愛でたりしながら，誤訳の妙味を味わい，言葉のユーモアを楽しみつつ，英語に対する多角的な理解を深め，広げることになる。

本書の大きな特長の一つは，日本語で独特の貴重な役割を果たし，文学作品などでも幅広く愛用され，翻訳とも大切なかかわりをもつ「オノマトペ」（擬音語・擬態語）の項（PART 5）を設けたことである。大別して，

(a)　英語の作品の"和訳"において ―― どのような英語の語句・表現に対して，どんなオノマトペを用いて訳文がつくられ

ているか,

(b) 日本語の作品の "英訳" において ── 日本語独特のオノマトペのそれぞれの意味合いやニュアンスが, どのように工夫して英語で表現されているか,

などを, 具体的に例示した。

(a) では,(たとえば chuckle は「くすくす笑う」のように)語句により訳で用いられるオノマトペはほぼ決まっている〔⇨ p. 143〕が, 場合によっては, 訳者が恣意的に(ときに不適切な)オノマトペを用いて訳すこともある。たとえば『不思議の国のアリス』のなかで, アリスについて記す "sat down and cried" という箇所の cried が, 五種の翻訳の三種において,「わーっと泣き出しました」,「おいおいと泣きだしました」,「しくしく泣き始めた」と, オノマトペを用いて訳されている〔⇨ p. 157〕。もちろん, どの英和辞典でも cry はただ「泣く」である。

また (b) の場合の例としては, 太宰　治の『斜陽』で,「お母さま」が「にっこりお笑いになる」ときは smile が,「私」が「うふふ(ふふ, ふふん, くすくす)と笑う」などでは giggle が用いられている〔⇨ p. 179〕。

本書の刊行は, 聖文新社の笹部邦雄氏のご好意により実現した。また, 各務利徳氏には, 本書の誕生にいたるすべての過程において, 周到な配慮をもって親身にご協力いただき, 朝比奈彩子氏には全文をち密にご閲読いただいた。そのほか, 刊行にいたるまでのいろいろな面において, 多くの方々にそれぞれかけがえのない貴重なお力添えをいただいた。

ここで, 本書のためにご尽力くださったすべての方々に, 心から御礼申しあげます。

2012 年 10 月

著　者

目　　　次

PART 4　誤訳の類別 ……………………………………………… 63
―― 各種の誤訳の分類・解説

PART 1

誤訳の点描

珍訳のユーモア,
独創訳の妙味

誤訳の点描

　ここでは，いわば繚乱（りょうらん）と乱れ咲く誤訳の，導入的な例として，原文からの隔たり具合に，なにがしかの楽しさやおかしさ，あるいはユーモアの味わいなどを感じさせるような，概して基本的なレベルの，気軽に読めるものを掲げてみる。

　あとの PART において，誤訳の全般について一通り分類して解説することになるが，この PART では，一定の順序立てによらず，各種の個性的に異なる趣の（あるいはまた，奇抜な独創性などを備えた）誤訳を，多くは訳文の語句を借りた見出しをつけて，並べてある。

1　派手なスーツに身を包み

> Now, when you haven't had your name on a movie since 1965, you arrive, <u>you install yourself in a big plush **suite**</u>, you're seen every day in the Hall, on the terrace, at the official parties.
>
> 　1965 年以来，あなたの名前の出た映画は作られていない。そして今年，あなたはカンヌへやって来て，<u>派手なスーツに身を包み</u>，連日〈ホール〉だのホテルのテラスだの公式のパーティだのに姿を現している。

●かつて盛名をはせたが，すでに昔日の栄光は世間では忘れ去られてしまっているプロデューサーが，カンヌ映画祭にひとりでやってきて，女性記者のインタビューを受けている。その記者の言葉の一部。

● 衣服の「スーツ」は suit［su:t］であって，suite［swi:t］（"sweet"
と同音）は「（ホテルなどの）一続きの部屋，スイート（ルーム）」で
ある。
● 下線部の install は「据えつける，設置する；任命する；（oneself を
目的語にして）落ち着く」，plush は「豪華な，ぜいたくな」などの
意である。したがって下線部の訳は次のようなものになる。

　　　「**豪華なスイートルームに腰を据えて**」

2　むき出しのベッドに腰を下ろし

　She was sitting up on the edge of the bed **naked**, brushing
her blonde hair.

　　　彼女は**むき出しのベッドの端に腰を下ろし**，金髪にブラシを
　　かけていた。

● naked［néikid］は，名詞を修飾する場合は，ふつうその名詞の前に
置かれる。
　　　a *naked* girl　（裸の少女）
　　　the *naked* eye　（裸眼，肉眼）
　　　a *naked* sword　（抜き身の剣）
　ただし naked と結びつく修飾語が続く場合は，名詞の後に置かれる。
　　　trees *naked* of leaves　（葉を落としてしまった裸の木）
● 囲みの文では，彼女が座っている状態を表わし，「**裸のままベッドの
縁に座って**（金髪にブラシをかけて）**いた**」のである。

3　表情を一変させた

> The two attendants —— nurses, orderlies, whatever they were —— **exchanged looks**. Then both took a drag on their cigarettes.
>
> 　二人の付添人 —— 看護婦か，看護士かは，ともかく —— は**表情を一変させた**。それから，二人は煙草を大きく吸い込んだ。

● 名詞の look も幾つかの意味に区別されるが，よく用いられる例としては：

　① an angry ［anxious］ *look* （怒った［心配そうな］目つき）

　② good *looks* （美貌）

　　Do not judge a man by his *looks*.

　　　　（見かけで人を判断してはいけない）

● 囲みの英文の **exchanged looks** は①の意味での複数形の looks であり，「二人の付添人は互いに目を交わした（目くばせした）」の意を表わす。

4　大西洋を越える行列

> He could picture her in her office —— usually crowded with a dozen young men and women who looked as though they had **rowed** across the Atlantic.
>
> 　彼はオフィスにいる彼女を心に描くことができた —— いつでも若い男女が一ダースも詰めかけている。彼らときたらまるで大西洋を越えて**行列**しているかのような血相をしている。

● **row** は，名詞では「（ふつう横に並んだ）列，並び」の意。

　　　a *row* of houses　（家並み）

　　　sit in the front *row*　（［座席の］最前列に座る）

　　「（順番を待つ）列」には **line**《米》，**queue**［kju:］《英》を用いる。

　　　wait for hours in a *line*（*queue*）　（何時間も並んで待つ）

●囲みの英文におけるような「動詞」の row は「舟（ボート）を漕ぐ」
　の意であって，*row* across the Atlantic は「大西洋を越えて<u>行列する</u>」
　ではない。下線部は次のようなことを述べている。

　　「<u>彼らは（貨物船や汽船や航空機で到着したのではなく）</u>まるで
　　大西洋を**舟で漕ぎ渡ってきた**かのような様子をしていた」

5　一瞬，激しくもどす

<u>In a moment</u>, she knew, she would be retching violently.

一瞬，また激しくもどすことになるのだろう，と思った。

● in a moment は「一瞬で，すぐに」の意であり，for a moment は
　「一瞬のあいだ，ほんのわずかなあいだ」の意である。

　　　{ I'll be back <u>in a moment</u>.　（すぐに戻るよ）
　　　{ Wait <u>for a moment</u>.　（ちょっと待って）

　　for a moment の for は省略されることも多い。

●したがって，囲みの英文は，

　　「すぐに激しくもどすことになるだろう，ということが彼女には
　　わかっていた」

　の意であることがわかる。

● in *a* moment に対して in *another* moment は，直訳的には「もう一
　瞬のうちに」で，すぐ続いて行われることに用いられる。for *a* moment
　に対して for *the* moment は「その（この）瞬間，差しあたり，今の

ところ，当座は」といった意味で用いられる。それぞれ例を一つずつ
示しておく。

① **In another** moment down went Alice after it.
　　　　　　　── Lewis Carroll: *Alice's Adventures in Wonderland*
　　（間髪を入れず，アリスもウサギのあとを追って穴にとび込
　　んだ）

② **For a** moment his resolve was weakened by pity.
　　　　　　　── John D. MacDonald: *Death Writes the Answer*
　　（一瞬哀れみのため彼の決意が鈍った）

③ He had forgotten her **for the** moment.
　　　　　　　　　　── Doris Lessing: *The Habit of Loving*
　（その［瞬］間彼は彼女のことを忘れていた）

6　彼女とはいつもより遅く寝る

During the week he lived with her, he **slept later** than
usual. Her alarm rang at 7:30. He awoke alert and began
his modified exercises.

　　週末以外，彼はここで暮らしたが，**寝るのは**いつもより**遅く
　なった**。彼女の目覚ましが七時半に鳴ると彼はパッと目をさま
　し，自分で工夫した体操を始めた。

● **go to bed**（就寝する）と **sleep**（眠る）と **be asleep**（眠っている）
などの基本的な表現は正しく区別されなければならないが，この he
slept later than usual は，訳文のように「彼はいつもより遅く寝た」
の意味に解されやすい。次を比較：

　　He *goes to bed* late［at night］.（彼は［夜］遅く寝る）

　　He *sleeps* late［in the morning］.（彼は［朝］遅くまで寝ている）

●また下線部の前半 During the week he lived with her の訳文も，正

しくは「彼が彼女と過ごした一週間のあいだは」のようなものになる。
次のような場合と区別しなければならない。

> During the week he stays in the city *and* goes home only at the weekend.
>
> （彼は平日は町に留まり，週末にだけ家に帰る）

●郊外に住む"彼"は，奥さんには適当な口実を設けて，一週間の予定で市内に出てきている。奥さんにはホテルに宿泊することにしてあるが，実は，市内に住む若い"彼女"のところに滞在している。

●囲み文の下線部訳は次のようにまとめられる。

> 「<u>彼女といっしょに暮らした一週間は，彼はいつもよりも**朝寝坊した**</u>」

彼は，平素，家で奥さんと暮らしているときは，もっと早起きなのである。

● sleep late を用いた例を二つ加えておく。

① "<u>I don't know how anyone can *sleep* this *late*</u>," he said. "I'm the first one up at Bear Garden every single morning."

—— Ellen Gilchrist: *Summer, An Elegy*

（<u>みんなよくもこんなに寝坊できるもんだなあ</u>。ベア・ガーデンでは，毎朝きまって僕が一番早起きなんだよ）

② What does this fun consist in? Going to the movies, parties, ball games, listening to the radio and watching television, taking a ride in the car on Sundays, making love, *sleeping late on Sunday mornings*, and traveling, for those who can afford it.

—— Erich Fromm: *The Sane Society*

（この楽しみとは具体的にどんなことなのだろうか。映画やパーティや野球にでかけること，ラジオを聞いたりテレビを見たりすること，日曜日にドライブすること，愛のいとなみをすること，<u>日曜の朝に**寝坊すること**</u>，そして，費用が出せる人にとっては，旅行すること，などである）

7 タンクが道を転がり落ちる

"Nights like this," she says, "I think of children without pants on, in hot South American countries. <u>I have night-mares about tanks **rolling down** our street.</u>"

「こういう夜は」と母親がいった。「うだるように暑い南アメリカの国々の，ズボンをはいてない子供たちのことを考えるのよ。<u>タンクがうちの道**を転がり落ちて**くる悪夢を見ることもあるわ</u>」

● **down** には (A) 副詞用法 と (B) 前置詞用法 がある。また，① 「下」の意を表わす場合がふつうであるが，② 特に「下」の意を含まない場合もある。

(A) ① The boy fell *down* and hurt himself.
　　　　（少年は転んでけがをした）

　　 ② I'll walk *down* to the station with you.
　　　　（駅までいっしょに行きましょう）

(B) ① He fell *down* the stairs.
　　　　（彼は階段を落っこちた）

　　 ② He was walking *down* the street.
　　　　（彼は通りを歩いていた）

　(A) ②と(B) ②の down は，いずれも「下」の意味はなく，**along** で置き換えられるような意味を表わしている。

●囲みの英文の下線部 down も，翻訳文では (B) の ①の用法と解して訳されているが，正しくは (B) の ②の用法である。したがって，「戦車が<u>道を転がり落ちる</u>」ではなく「戦車が<u>通りを通っていく</u>（悪夢を見ることもある）」ことを述べている。

● **roll down** 〜 は「〜を転がり落ちる」の意を表わす場合もある。
　　　The rock *rolled down* the slope.
　　　　（岩は坂を転がり落ちた）

しかし roll には「(車などが) 動く, 進む」を表わすこともある。

The train slowly *rolled* into the station.

(列車はゆっくりと駅に入ってきた)

また roll には「ごろごろ (どんどん) 鳴る, とどろく」の意もある。

The thunder *rolled*.

(雷がごろごろ鳴った)

したがって, 囲み文の下線部の「戦車が通って行く」には,「轟音をとどろかせて」の意を加えて解してもよい。

●囲みと同じ用法の down が用いられた例を示しておく。

... as his elementary-school band <u>lumbered *down* the streets</u> of their then small town she stood on the sidelines and waved.

—— David Leavitt: *Family Dancing*

(彼が属する小学校のブラスバンドが, まだ当時は小さかった町の通りを練り歩いて行くと, 母親は道路わきに立って手を振った)

8 変態的な作曲家?

But the guy I was talking to stared at me vacantly, then said: 'No offence, mate. <u>It's just that there are so many **wankers** going around writing songs.</u>'

だが, 相手は無表情のままぼくを見つめて, 「悪く思うな」と言った。「ただな, 世の中にゃ<u>オナニー代わりに歌を書く野郎</u>が多くてさ」

●"ぼく"はギターを弾く。次々とバンドを巡り, オーディションを受ける。演奏は気に入られても, すべて断られる。その理由の一つは, 意外にも, ぼくが自作の曲を演奏することだという。

●動詞 wank は《英》で卑語として「自慰行為をする」(= masturbate)

の意を表わす。それに -er がついた **wanker** は，① 動詞が表わす行為そのものをする人を表わす場合と，② 転用されて，侮辱的に男性に対して用いる場合がある。

　一般的な用法は ②のほうであり，英和辞典では，

　　「役立たず，間抜け，ろくでなし，能なし，ばか」

などの訳を示している。ただし，英語では，これらの訳語からは十分に感じられない，禁忌度の強いタブー語である。

　　wank·er　*BrE taboo informal*　　a very offensive word for a boy or man who you think is stupid or unpleasant. Do not use this word.

　　　　　　　　　　　—— *Longman Dictionary of Contemporary English*

　　　（愚かなやつ，または，いやなやつだとあなたが思う男に対して用いる非常に侮べつ的な語。使用は避けること）

●したがって，囲み文下線部の一つの訳例は次のようなものになる。

　　「世の中には，**ろくでもない人間**で歌を作っているのがうじゃうじゃいるのでな」

9　恐ろしくて，わからない

"Description of the man?"

"I can't tell you much, **I'm afraid**. It all happened so suddenly, and the light wasn't good."

　　「その男の人相は？」

　　「**おそろしかったので**，あまりよくわかりません。それこそアッという間のことだったし，明りもあまり明るくなかったので」

● I hope が望ましいことを述べるときに用いるのに対して，**I'm afraid** は望ましくない内容を述べるときに添える表現で，「恐怖」で

はなく「懸念」を表わしている。

　このI'm afraid, I hope はそのような心理的色彩を帯びた表現であるが，日本語の訳の上では，無色のI think の場合と同じような訳ですませてしまうことが多い。

　He knows the fact, **I hope**.

　　　（彼は事実を知っているんじゃないかな［そうであることが望ましいが］）

　He knows the fact, **I'm afraid**.

　　　（彼は事実を知っているんじゃないかな［知らないほうがいいんだが］）

●囲みの英文も同様で「(詳しく話せればいいのだが) <u>残念ながらあまりよくわかりません</u>」の意を表わしている。

10　眼鏡ごしに見上げる

　I could almost feel him waiting for the moment when Pratt would take his first sip, and <u>look up from his **glass**</u>.

　　　彼は，プラットがはじめの一口を飲んだ瞬間を，そして，**<u>眼鏡ごしに彼を見上げる</u>**瞬間を，いまかいまかと待ちかまえているのが私には手にとるように分るのだ。

● **glass** は「ガラス」のこともあれば「グラス」のこともあれば「眼鏡」のこともある。ただし「眼鏡」の場合は常に複数形である（spectacle も「眼鏡」の場合は複数形）。したがって下線部は，

　　「彼の**グラス**から顔を上げる」

でなければならないことがわかる。

●なお，「眼鏡ごしに見る」は look over［the rim(s) of］one's **glasses** である。それぞれの実例とその翻訳を見ておく。

　① She looked at him <u>over the rim of her **glass**</u>. "You have no

intention of gambling, do you?"　　── Elmore Leonard: *Glitz*
　　(**グラスのふちの上から**, こちらを見やって, 「うちでギャンブルする気は毛頭ないんでしょう?」)

② The Reverend now <u>looks over his **glasses**</u> at the tape-recorder. 'What's that?' he says.　　── Muriel Spark: *Not To Disturb*
　　(牧師はここで**眼鏡**ごしにテープ・レコーダーを<u>一瞥する</u>。「なにかね, これは?」)

11　雨の中で, 彼女の心は大声で歌う

Tracy Whitney was on her way to work. Her pace was brisk as she walked east on Chestnut Street toward the bank, and <u>it was all she could do to keep from singing aloud</u> ...

　　トレイシー・ホイットニーは出勤中だ。さっそうとした足どりで, チェスナット通りを東の銀行に向かって歩く。<u>雨の中なのに, 彼女の心は大声で歌っていた</u>。

●かつて「超訳」という翻訳手法が話題になったことがあったが, これはその一例である。

●下線部以外では, 次の箇所の訳文を一字改めておかなければならない。
　　she walked **east** on Chestnut Street toward the bank
　　　　「チェスナット通りを東<u>の</u>銀行に向かって歩く」
　　　　→「チェスナット通りを東<u>へ</u>銀行に向かって歩く」

●下線部では, 「雨の中なのに」は, 原文にない要素を恣意的に加えたもので, 「超訳」の特徴的な訳し方の一面を伝える。

●英文解釈で大切なのは it was all she could do to ～ の構文で, 下線部の直訳は「声を出して歌わないでいることが彼女にできるすべてのことであった」で, ふつう,
　　　　「<u>声を出して歌い出しそうになるのを抑えるのが精いっぱい</u>

<u>だった」</u>
に類した和訳が行われる。

●なお，ここで「大声で」と訳されている **aloud** は「声に出して」の意であり，**loud**（大声で）と区別されなければならない。

●同じ構文の実例と，その正しい翻訳の例を見ておく。

<u>It was all she could do</u> not <u>to</u> laugh aloud.

—— Sidney Sheldon: *Morning, Noon & Night*

（彼女は，声を立てて笑いたいのを辛うじて我慢した）

＊ not to laugh は，不定詞を否定する形で「笑わないこと」の意。

12　木に登れば，わめいて気が狂う

Since she's born, that girl's been wild to death about high places. <u>Screams. Just terrified.</u> Sarah'd **no more** climb a tree **than** she'd stir hornets barehand. Won't go up there if the flood was rising in the yard.

あのサラはな，生まれた時から高い所を死ぬ程怖がっとってな，<u>二階のポーチだろうが，無理に上げようものならわめきちらしたあげくに気が違うだろうと思うよ</u>，洪水が来て溺れ死ぬとしても屋根には上らん娘だ。

●公式的な構文としてよく知られる **no more** *A* than *B* は「Bでないのと同じようにAではない，AでないのはBでないのと同じだ」の意を表わす。

つまり，あること（A）を否定するのに，他のわかりきった例（B）を引き合いに出して述べる形式である。

We can **no more** live without sleep **than**［we can］without food.

（食べ物を食べなければ生きていられないように，睡眠をとらなければ生きていられない）

●囲み文の下線部の翻訳は，構文的にも語句的にも，英文との対応を明らかにすることは困難であるが，no more *A* than *B* を含む文の公式的な直訳は次のようになる。

「サラは，素手で蜂の巣をつついたり<u>しないのと同じように</u>，木に登ることもしようと<u>しないだろう</u>」

●下線部全体の訳例を示しておく。

<u>「わめきちらすんだ。まったくひどい怖がりようでね。サラにとっちゃ木に登ることだって，素手で蜂の巣をつつくようなものなんだ」</u>

13 どんなことも嬉しいような悲しいような

> "A mixed blessing children are, of course. <u>Up to all sorts of things</u>."
>
> 「子どもがいるというのは，嬉しいような悲しいようなことよね。まあ，<u>どんなことにもそれは言えるけど</u>」

● a mixed blessing は「混ざり合った祝福」，つまり「ありがたいようなありがたくないようなもの（こと），一長一短のもの」である。a blessing in disguise（変装した祝福，姿を変えた祝福）もよく用いられるが，これは「その時は一見不幸に見えるが，あとになってありがたいものであることがわかるもの」である。

●前の文は Children are a mixed blessing の倒置形であり，下線部の省略要素を補えば，<u>They</u>（= Children）<u>are</u> up to all sorts of things. となる。

● be up to 〜 には幾通りかの用法があるが，ここは「（よからぬことなどを）やらかす，たくらむ」などの意を表わす場合である。

したがって，囲みの英文は次のようなことを述べている。

「子供って，もちろん，ありがたくもあり，そうでもないことも

あるものなのよね。いろんなことをしでかしてくれるしね」

14　毒々しいフルーツ・プディング

"It is like being in the middle of <u>some **bloody** great fruit pudding</u>, this house," said James. "God knows how you do it."

> 「何か**毒々しい**，大きなフルーツ・プディングの中にでもいるような感じだな，この家は」と，ジェイムズがいった。「きみたちがどうやっているのか，わからんがね」

● **bloody** はふつう「血だらけの，血まみれの，血なまぐさい」などの意味を表わす。

　　He has a *bloody* nose.　（彼は鼻血を出している）

　　Your knees are all *bloody*.　（あなたのひざ，血だらけじゃないの）

● bloody はまた《英》では「ののしりの言葉」（swear word）としてよく用いられ，「まったくの，ひどい，すごい，いまいましい，とんでもない」といった気持を込めて用いる強意語である。

　　You *bloody* fool!　（この大ばか者め［とんま野郎］）

　　That's a *bloody* good idea!　（そいつはすごい名案だ）

● 下線部の bloody も強意語として用いられた例で，「毒々しい」といった特定の状態は表わしていない。強意語としての下線部の訳例は次のようなものである。

> 「なにか**とてつもなく**大きなフルーツ・プディング」

● 強意語としての bloody は，品は落ちるが，かなり愛用されている語なので，次頁に実例を三種，三人の英国の女性作家から引用してみる。それぞれの翻訳文の，「強意」の表わし方，あるいは「強意」を特に表わさない訳し方（②）も参考になる。

① "He's been at your whisky. **Bloody cheek**."

　　　　　　　　　　　── P. D. James: *A Taste for Death*

　（あいつ，あんたのウィスキーを飲んだんだよ。<u>いけずうず</u>
　<u>うしいったら，ありゃしない</u>）

② Have you ever thought about <u>your **bloody** future</u> if Whalbys'
goes bust?　　　　　　── Ruth Rendell: *Master of the Moor*

　（もしも〈ウァルビイ〉がつぶれたら，<u>自分の先々</u>がどうな
　るか考えたことがあるのか?）

③ I've been doing a variety of odd jobs. I did dinners at the
school, and I supervised the laundrette, and stuff like that ──
bloody badly paid jobs, they were.

　　　　　　　　　　── Margaret Drabble: *The Needle's Eye*

　（いろんな半端仕事をしました。学校給食の手伝いとかコイ
　ンランドリーの店番とか ── こういうのは<u>情けないよう</u>
　<u>なお金しかもらえないのよ</u>）

15　睥睨（へいげい）するばかりか，歯を剝（む）きだす

　He slowly closed the door behind him, took a few steps to-
ward the edge of the table, and glared at everyone sitting
around it. It was **more of a** snarl **than a** glare.

　フィッチはゆっくりとドアを閉めると，テーブルのへりにむ
かって数歩足を進めてから，テーブルをかこむ面々をにらみま
わした。<u>ただ睥睨（へいげい）したばかりか，歯を剝（む）きだし，いまにもうな</u>
<u>りかかりそうな表情をつくった</u>。

● **glare** は「にらみつける［こと］」，**snarl** は「歯をむき出してうなる
　［こと］」

● **more of a** *A* **than a** *B* は「B というよりもむしろ A」(= *A* rather than *B*）という関係を表わす。

He is *more of a* politician *than a* statesman.
（彼は政治家というよりも政治屋だ）

●囲み文の翻訳のほうでは，これが「Bだけでなく A も」（= not only *B* but［also］*A*）という関係に変えられ，迫力に富んだ調子のよい日本語にまとめられているが，下線部のふつうの訳し方は次のようなものである。

「それはにらみつける**というよりはむしろ**，歯をむいてうなるといった表情だった」

●たとえば「彼は教師というよりも学者だ」は，次のような形で表わすことができる。

He is **more**［**of**］a scholar **than** a teacher.
He is **less**［**of**］a teacher **than** a scholar.
He is **not so much** a teacher **as** a scholar.
　（= He is **not** a teacher **so much as** a scholar.）
He is a scholar **rather than** a teacher.

16　彼は呑んだくれになれるか

He didn't feel like sleeping. He fixed himself a fresh drink, looked at it thoughtfully before taking the first sip. Was it possible that he did drink too much, as Anne had said.

彼は眠りたい気分ではなかった。もう一杯，新しいやつを作り，飲む前にじっとそれをみつめた。アンが言っていたように，彼は呑んだくれに**なれる**だろうか?

● possible は ①「（〜することが）できる」〔可能〕と，②「（〜ということが）ありうる」〔可能性〕を表わす場合がある。

$\begin{cases} \text{It is } \textit{possible } (\textit{for} \sim) \textit{ to do } \text{と不定詞を伴う形では ①。} \\ \text{It is } \textit{possible that} ... \text{ と that 節を従える形では ②。} \end{cases}$

① It is *possible for* him *to* solve the problem by himself.

　　　（彼はひとりでその問題を解決することができる）

② It is *possible that* he solved the problem by himself.

　　　（彼がひとりでその問題を解決したということはありうることだ／ひょっとしたら彼は独力でその問題を解決したのかもしれない）

●囲み文の下線部も②の形をとっているので，翻訳のように，彼は「自分は呑んだくれになることができるだろうか」と思ったのではなく，次のように自問したのである。

　　　「ひょっとして自分はほんとうに飲み過ぎたのだろうか」

＊ did drink の did は，助動詞 do の「実際に，ほんとうに」などの気持ちを添える強意用法の例である。

17　心のどこかに不安が

He didn't want the girl to be uncomfortable —— scared of him.　Suppose something similar —— he **doubted** it —— happened to Maud?

　　この娘を不幸にしておくのはいやだった —— 彼のせいでおびえていられるのはやりきれなかった。もし同じようなことがモードに起こったら —— その不安が心のどこかにあった。

●「疑う」という語義が辞書に示される主な語に doubt と suspect があるが，この二つは疑い方が対照的に異なる。

① I **doubt** that he knows the truth.

　　　（彼は本当のことを知っていないんじゃないかな）

② I **suspect** that he knows the truth.

（彼は本当のことを知っているんじゃないかな）

●すなわち，doubt が「たぶん〜で<u>ない</u>と思う」の意を表わすのに対して，suspect は「たぶん〜で<u>ある</u>と思う」の意で，①，②それぞれの意味は次に近い。

① I *don't think* that he knows the truth.

② I *think* that he knows the truth.

●囲みの英文において，Maud は彼の娘であるが，彼は「自分の娘にも同じようなことが起こるかもしれない」と思っているのではなく，「同じようなことが自分の娘に起こることはたぶん<u>ない</u>」と思っているのである。だから「不安が<u>あった</u>」と訳しては，doubt が表わす否定的意味とは逆になってしまう。したがってこの下線部を含む文の訳は次のようにまとめておくことができる。

「もし同じようなことが ── <u>そんなことはまずないと彼は思ったが</u> ── モードに起こったとしたら」

●類例を一つ：

My name is Tobias Anfang. I <u>*doubt that*</u> you remember me.

── Isaac Singer: *The Captive*

（私の名前はトビアス・アンファングです。<u>たぶん私をおぼえておられないでしょうが</u>）

18 手袋をはめた冷たい手ではなをかむ

<u>He **blew on** his icy gloved hands</u>, his breath pure white.

<u>彼は手袋をはめた冷たい手で<ruby>洟<rt>はな</rt></ruby>をかんだ</u>。真白な息が見えた。

●「はなをかむ」は blow one's nose であって，blow だけでそういう意味を表わすことはない。blow on は「〜に息を吹きかける」の意であり，したがってこの下線部は「彼は手袋をはめた冷たい手に息を吹

きかけた」ということである。そして，その彼が吹きかける息が真っ白だったわけである。

● on は ① 前置詞 としても ② 副詞 としても用いられる。
　　① He blew **on** his glasses. 　（めがねに息を吹きかけた）
　　② He put **on** his glasses. 　　（めがねをかけた）
　　①の on は前置詞なので常に名詞の前に置かれるが，②の on は副詞なので He put his glasses **on**. の語順をとることもある。
　　glasses という名詞が them という代名詞になった場合の語順は次のようになる。
　　① He blew **on** them. 　（He blew them *on*. は誤り）
　　② He put them **on**. 　（He put *on* them. は誤り）
● **blow on** の典型的な例を示しておく。
　　　Malone had controlled himself and patted his face with his handkerchief.　Then he **blew on** his glasses, wiped them, and put them back on.　── Carson McCullers: *Clock without Hands*
　　　（マローンは自分の気持ちを抑え，ハンカチで顔をふいた。それから彼はめがねに**息を吹きかけ**，それを拭って，またかけ直した）

19　とやかく言う筋合いではない

There was nothing to do bar go along, and feel foolish.

　とやかく言う筋合いでもないし，ばかばかしい気もしなかった。

●この翻訳文では **bar** がどう解釈されているのかもわからないが，この bar は「～を除いて」という意味の前置詞である。すなわち **except** や **but** と同義である。

$$\left\{\begin{array}{l}\text{There was nothing to do } \textbf{bar} \text{ go along.}\\ = \text{There was nothing to do } \textbf{but} \text{ go along.}\end{array}\right.$$

したがって，下線部は次のような意味を表わす。

「そのまま続ける以外にしようがなかった／そのまま続けるしか
なかった」

● **feel foolish** は「自分がばかであるように感じる，自分が愚かしく感
じる」の意。

下線部と合わせたこの英文は，「そのまま続けて自分がばかになっ
たように感じる以外に仕方がなかった／ばかになった気持ちでそのま
ま続けるしかなかった」といったことを述べている。

●このように，多義語の語義を取り違えた誤訳も多いが，基本語の場合
の例を見ておく。

"... only you got the **date** wrong or something."

（「…**デートの相手**を誤解するか何かしただけなんでしょう
が」）

＊この正訳は「**日**を間違えるとかしただけなんでしょうが」の意。

20　やめて，速すぎるわ

I saw the white posts of the curve in the farthest reach of
the headlights.

Her scream filled the car, filled my ears, drilled into my
soul. "Faster, Georgie! Oh, faster!" Wild ecstasy, beyond
the peak of human endurance.

　　やっとヘッドライトがとどくところにカーブを示す白い標識
が見えた。

　　彼女の悲鳴が車の中にあふれ，耳の鼓膜が破れそうになり，
神経をズタズタに引き裂く。「速いわ，ジョージ。やめて，速
すぎるわ」人間の我慢の限界を越えた，壮絶な叫び声。

● 女性を乗せてドライブしているときに女性が発した叫び声である。

　彼女の "Faster, 〜" という叫びは，「速すぎるわ，やめて」と，恐怖に駆られて「減速する」（= slow down）ことを求める必死の叫びではなく，逆に，彼女はさらに「加速する」（= speed up）ことを求めて，

　　「もっと速く，ジョージ，もっと，もっと」

と，忘我の叫びを発しているのである。

● この訳文では，ところどころに，原文の英語を離れた，日本語自体の流れと調子に乗ったような表現が用いられている。

　たとえば第二文の drilled into my soul の「神経をズタズタに引き裂く」（直訳：「私の魂に穴をあける」）などが目立つが，最後の文の **Wild ecstasy** の「壮絶な叫び声」という訳は，一考を要する。これは，直接に彼女の叫び声の性質を描くものであるから，

　　「狂ったような陶酔感」，「狂おしいほどの恍惚感」

などの直訳的な訳から選ぶのが適当である。

PART 2

翻訳・誤訳の今昔

初期の辞書から
同時通訳まで

翻訳・誤訳の今昔

〔1〕 初期の英和辞典に見られる "苦心訳"

　英学初期の先駆者たちの模索が生み出した苦心の訳は "誤訳" の範疇には入らないが，いつの時代の翻訳でも免れ得ない，訳語の創造と改良の労苦の例を，草分けのころの英和辞典に見てみる。

　一隻のイギリス船の来航が長崎奉行を自刃に追い込むことにもなったフェートン号事件（1808，文化5年）は，幕府の急務として国際的に通用する英語力の育成を促し，英学興隆の一つの大切な契機ともなった。このような状勢のもと，1814年にはわが国最初の英学書として『諳厄利亜興学小筌(あんげりあこうがくしょうせん)』が，また同年には最初の英和対訳辞典『諳厄利亜語林大成』が生まれることになる。後者より，現代の訳語とやや隔たりが感じられるものを幾つか示してみる。

church（チュルツ）	梵宇又社	bachelor（ベッチェロル）	冠者
match（メッチュ）	火縄	learned man（レールネット メン）	儒者
lap（レップ）	股間　マタグラ	tyrant（テイラント）	強盗
virginity（ヒルシニテー）	未知情事　イロケナシ		

　『諳厄利亜語林大成』には冒頭に八品詞を中心にした簡潔な英文法論があるが，文法用語の訳も，工夫と趣に富むものが多い。

Indicative	明説様
Subjunctive	虚構様
Gender	陽性　陰性　中性
Person	第一位　第二位　第三位

　次に初期の英和辞典史に期を画するのは『英和對譯袖珍辭書』（1862)

で，幕府の洋書 調 所（後の開成所）から出版され，俗に『開成所辞書』
と呼ばれる。ベストセラーとして版を重ね，英学の普及に大きな貢献をし，
訳語も『語林大成』とくらべ格段の進歩を示し，現代の辞書と共通するも
のが多くなっている。『私が愛する英語辞典たち』（飛田茂雄）に紹介され
ている例により，三つだけ両辞典の訳語を比べておく。

『諳厄利亜語林大成』

    To bribe（ト　ブレイブ）「利ヲ啖ワシメ姦ヲ行フ　財貨ヲ以テ人
    ニ啖ワシメ是ヲシテ己カ欲スル処ノ悪ヲ行ワシムルモノ」

    Liberal-Art（レールラル　アルト）「七藝総称　和漢六藝ノ如キモ
    ノ西洋天文地理言語論理詩文吟歌算学ヲ以テ七藝ト云フ」

    martyr（マルテイル）「頑愚ノ民其尊崇スル所ノ法門ニ拘泥シ是
    カタメニ戦死シテ血ヲ滌クヲ以テ道トスルモノヲ云フ」

『英和對譯袖珍辭書』

    Bribe　賄賂進物

    Liberal arts　七藝　性理学，文学，詩学，言学，度学，画術，彫
    刻学

    Martyr　冤死スル人虐刑ヲ受ル人

〔2〕　訳語の変遷

　ある英語の訳が今日の定訳に至る過程は，その語の種類などにもより，
個々さまざまである。定着までにいわば多くの曲折の道のりを経た言葉の
なかには，たとえば the Pacific Ocean がある。『明治のことば』（齋藤　毅）
の詳細な考察を略記すれば，この言葉には次のような訳語が用いられてき
た。

　「静海」（1789），「東洋海」（1795），「東海」（1798），「太平海」（1839），
「大平洋」・「大東洋」（1855），「大平洋海」（1860）

　そして，明治（1868 ～）に入ったころから（福沢諭吉などの著述にお
いても）「太平洋」が多く用いられるようになり，今日に至っている。
　また，その語義が"事物"と"観念"の両領域にまたがる"nature"は，
この一語の研究に全巻をあてた柳 父章の『翻訳の思想』によれば，前出
の『袖珍辞書』では"natural"に「自然の」の訳はあっても，"nature"
の項は，

Nature	天地万物。宇宙。本体。造物者。性質。天地自然ノ道理。品種

となっていて，「自然」はない。この辞書の十年ほどあとに出てよく使わ
れた柴田昌吉・子安　峻 共編『英和字彙』（1873，明治 6 年）では，

Nature	天地。万物。宇宙。品種。本体。<u>自然</u>。天理。性質。造物者

と記されていて，「自然」という名詞訳の採用が目立つ。これに続く，二
つの代表的な辞典の場合を加え，"nature"を例とした，翻訳語の推移を
見ておく。

『英和雙解字典』（棚橋一郎 訳）（1885，明治 18 年）

Nature	天地ノ法。萬物ノ規。品種。物理。本性。資質。造化。洪鈞。萬有。宇宙。本体。<u>自然</u>。天理。性質。造物者

『雙解英和大辭典』（島田　豊 著）（1892，明治 25 年）

Nature	性，天性，天賦，稟性，種類，資質，天則，事理，<u>物理</u>，事物，天理，宇宙，創造，造化，森羅万象，万有，…

〔3〕 新語の訳語

　新しい事物がめまぐるしく生まれる現代においても，さまざまな分野に
おける新語と，さまざまなレベルにおけるその訳語との苦闘が続いている。

たとえば，それは，〈1〉辞書における「適訳」の案出の問題にとどまる場合もあれば，また〈2〉翻訳において「誤訳」がからんでくる場合もある。一つずつ例を見ておく。

〈1〉　新語が辞典に訳語・記述の工夫を求める場合

"The New Industrial State"（1967）（和訳名『新しい産業国家』）などによって知られるアメリカの経済学者 J. K. ガルブレイスが，その著において "technostructure" という新しい合成語を用い，これが米国の辞典に採り入れられ，やがて日本のいくつかの英和辞典の見出しにもなったが，当時の辞典によれば，その語の記述に次のような三つの型が認められる。

①　「訳語」を示す。
②　「説明」を記す。
③　そのまま「カナ」で言い換える。（そして必要に応じて説明を加える）

まず，アメリカの辞典の「定義」の例で見ておけば，"The World Book Dictionary"（1976）は次のように記している。

次の語で三つの型を見る。

technostructure　　any highly organized system operated by technical experts ［coined by John Kenneth Galbraith, born 1908, an American economist］

①　『（小学館）ランダムハウス英和大辞典』（1974）
　　「専門技術管理階級；科学技術畑出身の管理職者層」
②　『（旺文社）英和中辞典』（1975）
　　「技術者中心の大規模企業組織；それを運営する技術者層」
③　『（研究社）リーダーズ英和辞典』（1984）
　　「〔経営〕テクノストラクチャー（専門化した知識・経験・才能をもつ人びとから成る意思決定組織）」

英和辞典は，初期のころより，この①，②，③三つの型を適宜用いて，語の意味を正確に伝えようとしてきた。古いほうの例を『英和雙解字典』

に見ておく。

① **Beer**　大麥酒_{ダイバクシュ}　――（参考）Brandy　焼酎_{セウチウ}　Whisky　大麥酒_{オホムギザケ}
② **Democrat**　民政に従う人
　　　　　　　　――（参考）Democracy 民政。共和政治
③ **Beef-steak**　ビステーキ
　　　　　　　　――〔注：「ビフテーキ」の誤転記ではない〕

　もちろん，英和辞典は，英英辞典の英語の「定義」に対して，日本語の「訳語」を与えることを第一の務めとするので，この辞典でも ① がほとんどで，② は少なく，③ はまれである。現代におけるカタカナ語の氾濫は，当然，英和辞典におけるカタカナの使用の率を高めており，語によっては，この ①，②，③ の三つの併用を余儀なくされているものもある。その代表的な語の一つとして "identity" をあげることができる。

　　　identity　1 ……　2　本人であること；同一人［物］であること；
　　　　　　　身元，正体，アイデンティティ
　　　　　　　　　（『（小学館）ラーナーズ プログレッシブ英和辞典』）

〈2〉　新語が誤訳を生む場合

　新しい社会事象を表わす語が，既成概念にとらわれた誤訳を生む場合を一つだけあげておく。

　The buzz words are "restructuring," "lean and mean," "downsizing" and "privatizing."

　That means layoffs.　And that frays the cords of loyalty to corporation, government and union.　An old American word has resurfaced: self-reliance. ...

　Americans are also doing it by themselves.　Government job retraining programs help, but the surge in college attendance is coming from people in their middle years seeking personalized retraining on their own. <u>Other trends are feed-ing resurgent individualism: **telecommuting**, flextime, and self-employment</u>. Feminism too.

—— Ben Wattenberg：*Welcome to 21st-century Individualism*

> 合言葉は「構造改革」「減量経営」「小型化」「民営化」。
> いずれも，意味するところは人員整理であり，それが企業・政府・労組への忠誠のひび割れにつながっている。そこで再び注目されたのが，古き懐かしき言葉，「独立独歩」。…
> 国民各自も努力している。社会人再教育制度という政府の貢献もさりながら，自己にあった能力を身につけようと自発的に大学に通う中年層が目立って増えている。ほかにも，<u>**遠距離通勤**，自由勤務時間制，自営化などが個人主義復活を促す要素になっている</u>。フェミニズムもそうだ。

　これは，ある週刊誌の英和対訳形式の連載コラムからの引用文であるが，telecommuting は「遠距離通勤」ではなく，「（コンピューターの端末機やファクシミリを自宅に置いて，出勤しないで在宅のまま仕事をする）在宅勤務」のことである。

　当時の英和辞典では，大辞典クラスの『ランダムハウス大英和辞典』(1974)，『研究社英和大辞典』(1980)，『リーダーズ英和辞典』(1984) などは，この語の出現以前の刊行であるから，当然，収めていない。90 年代では『ライトハウス英和辞典』(1991 年版)，『ジーニアス英和辞典』(1993 年版) などにはなく，『ロイヤル英和辞典』(1990) が最も早く採り入れ，『ラーナーズ プログレッシブ英和辞典』(1993)，『リーダーズ・プラス』(1994) などが，これを追った。

　また，（手元の）英英辞典では "Cobuild English Dictionary" (1995) のみに収められており，ここでは "telecommuting" は "teleworking" とも言うことが示されている。

　上の引用文は 1991 年のものであるが，この訳者は，tele- で始まるこの種の先行語である "telecommunication" の「<u>遠距離</u>通信」（ジーニアス，研究社大英和)，「<u>遠隔</u>通信」（プログレッシブ，旺文社中英和)〔ほかに

「電気通信」（ライトハウス，ランダムハウス英和）〕といった訳語に惑わされて誤ったものと考えられる。

なお，この分野での比較的新顔である teleconference は，たいていの英和辞典において，「（テレビ・電話などによる）遠隔［地間］会議」といった訳でほぼ一致している。

〔4〕 国際関係に影響を及ぼした誤訳

わが国の洋学が，ペリーの来航によって蘭学から英学への本格的な切り替えを迫られるようになった時期に，日本語↔オランダ語↔英語 という重訳を通しても行われた外交交渉などで，重大な誤訳が生じたであろうことは容易に想像されるが，『日米和親条約』（＝『神奈川条約』）（1854，嘉永 7 年）にかかわる誤訳事件の一つを，『文明開化の英語』（高梨健吉 著）は次のように記している。（下線は引用者）

ペリーと締結した神奈川条約の……第十一条にも誤訳問題が起きた。英文は，

There shall be appointed by the government of the United States consuls or agents to reside in Simoda at any time after the expiration of eighteen months from the date of the signing of this Treaty, provided that either of the two governments deems such arrangement necessary.

「この条約調印の日から十八箇月の後には，合衆国政府はいつでも下田に居住する領事または代理官を任命することができる。ただし，いずれか一方の政府が，こを必要と認めた場合に限る」

となっていたので，アメリカはこの規定にしたがってハリスを下田に領事として派遣してきた。

ところが日本文のほうは「両国政府において，拠ろなき儀これあり候模様により……」とあったから，日本のほうでは両国政府の合議によって定めるものと思っていた。領事の派遣はなんとか拒否しよう

と考えていたから，ハリスの来日は予期していなかった。これは条約文の英語の either を both の意味に誤解したものであった。このいずれもが外交上の問題となり，オランダ語の条約文を検討することによって日本側の誤訳であることが明瞭となった。

　翻訳が国際関係に影響を及ぼしたとみなされる例としては，たとえば『ポツダム宣言』(1945) の場合がある。この宣言に対し日本政府は「黙殺する」という言葉をもって応じたが，米海外放送諜報局はこれを"ignore"と訳し，『ニューヨーク・タイムズ紙』は"reject"として見出しに掲げた。そのために宣言拒絶と受け取られ，ソ連参戦，原爆投下の理由にされたと伝えられる。〔一般に「黙殺する」は take no notice of；ignore などと英訳されるので，その意味でこれは誤訳ではないが，日本政府はこの「黙殺する」を「(閣議で討議するまでは) 沈黙して態度を保留する」といった意味をこめて用い，それが正しく伝えられなかったとも解されている〕

　国際的な影響力をもつ政治家の言葉が誤訳されて話題となったのは，ゴルバチョフ元ソ連大統領の「タイガー」である。1991 年のクリスマスの夜に米 CNN テレビのインタビューで，辞任直後のゴルバチョフ氏は「森に隠れるトラになるつもりはない」とその心境を語った，と伝えられた。いろいろ憶測を呼んだが，次は新聞のコラムからの例：

　　　▶よりによってこの日，辞任演説をしたゴルバチョフ大統領に太陽の再生にあやかろうという気持ちがないとは言い切れない。「私は森に隠れたトラになるつもりはない」と米テレビに語っている。「あのゴルバチョフは死んだ。新ゴルバチョフ万歳」と，いいたいのかも。

　ところが，ゴルバチョフ氏が用いた語は「タイガー」(トラ) ではなく「タイガ」(極東ロシアの針葉樹林帯) であることがわかり，翌日のニューヨーク・タイムズ紙が「タイガや森に隠れるつもりはない」と正

訳をあらためて報じた。

　「タイガー」だけでなく，「ライオンとネズミ」にまつわる誤訳も国際
舞台に登場したことがある。
　かつて鈴木善幸氏が首相として訪米したとき，下院議員たちとの懇談
で，日本のいわゆる「専守防衛」の考えを説明した。鈴木氏が「日本は
ライオンではなくハリネズミ」という比喩を使ったところ，この「ハリ
ネズミ」が "a wise mouse" と英訳され（「ハリネズミ」の一般的な英
訳は "hedgehog" や "porcupine" である），これが現地の有力新聞で
報道され，社説でも問題にされた。「日本がライオンになるのは期待し
ないが，ネズミ程度の防衛力では困る」というのである。
　実は，通訳担当の外交官が「～ネズミ」しか聞き取れず，ライオン対
ネズミでは意味をなさないと考えて，"We would prefer to be a wise
mouse rather than a roaring lion." と訳したのであった。あとで日本大
使館による訂正の申し出を受け，新聞は "... Mr. Suzuki had not said
'mouse' at all but, rather, 'porcupine,' which, in Japanese, is a 'mouse
with needles' ..." という訂正を含む，再度の，ユーモアに富んだ社説
でこの問題を締めくくった。

PART 3

誤訳の姿態

さまざまな形の
原文離れ

誤訳の姿態

　誤訳は，さまざまな形で，原文から離れたり，原文を裏切ったりする。

　うかつな読み違えに類した，ごく単純な，ケアレスな誤りもあれば，解釈に窮してあてずっぽうに訳を創作したり，原文そっちのけで，いいかげんに日本語のつじつまを合わせたようなものもある。

　また，適正な文法的考察を欠いたことに由来する誤りや，それなりに熟考し工夫を凝らした苦心の誤訳など，各様である。

　難易の程度も多様であり，訳文の文体的味わいも多彩である。

　この PART 3 では，原文からの離れ具合の趣を示す幾通りかの例を類別し，次の PART 4 では，主として文法的な項目に分類して，誤訳の典型的な例を，一通りまとめておく。

● 本項の内容は次のように分類されている。

　　《1》　誤植に類した誤り　（〔1〕〜〔3〕）

　　《2》　誤植か誤訳か　（〔4〕）

　　《3》　ほか　（〔5〕〜〔9〕）

　　《4》　でたらめ訳　（〔10〕〜〔16〕）

　　《5》　語義の取り違え　（〔17〕〜〔20〕）

　　《6》　訳し落とし　（〔21〕〜〔25〕）

　　《7》　水増し訳　（〔26〕〜〔28〕）

　　《8》　複合誤訳　（〔29〕〜〔30〕）

　　《9》　卑俗な表現　（〔31〕）

　　《10》　化ける引用文　（〔32〕〜〔33〕）

　　《11》　地の文が会話文に変身　（〔34〕）

　　《12》　固有名詞と冠詞の落とし穴　（〔35〕）

《1》 誤植に類した誤り

〔1〕 Where you see a vulture hovering, there will be <u>a car-
cass</u>.

禿鷹が舞っているところには，**死闘**がある。

解説 carcass は「（動物の）死体，死骸」である。

　誤訳というよりも校正上の不注意に由来すると思われる誤りであるが，
「**死体**」が「**死闘**」に変わってしまった原因として，文脈的なつじつま
や字体の類似性といった要素を考えることはできず，誤植としては，ある
る程度の希少価値が認められる。
- 同じ dead body（死体）でも，人間の場合，一語では corpse が用い
られ，この語については，類似語との区別が注意される。

corpse [kɔ:rps]「死体，死骸」
corps [kɔ:r]「軍団，兵団」（複数は，形は単数と同じく
corps であるが，発音は [kɔ:rz] である）

〔2〕 It's the ordeal bean —— supposed to prove innocence
or guilt. <u>These West African **tribes**</u> believe it implicitly
—— or did do so.

　　これはね，正邪を裁く豆 —— 有罪か無罪か，これでわか
ると言われています。<u>西アフリカのこの**部屋**</u>はそのことを固
く信じています —— いや，かつては信じていたのです。

解説 この誤植は，ふつう日本語として意味の成り立たない「部屋は信じ
ている」という訳文をまかり通らせているが，tribe は「部族，種族」
であり，「この**部屋**は」は「これらの**部族**［の人たちは］」に改められな
ければならない。
- その豆によって，どのようにして有罪か無実かが決められるのかは，

これに続く文によって具体的に説明されているが，その部分の原文と
翻訳文は次のとおりである。

　　　They'll solemnly chew it up quite confident that it will kill
　　them if they're guilty and not harm them if they're innocent.
　　　（この豆を食べれば，罪あるものは死に，罪なきものは助か
　　ると信じて，厳粛に豆を噛むんです）

---

〔3〕　The tragedy that had shattered <u>her life</u> would not
have been enacted in vain.　I thought, <u>looking at her</u>, that
she certainly looked much happier and ―― yes, gayer,
than when I had first come to Styles.

　　　<u>彼らの人生</u>を破滅させたあの悲劇も，けっして無意味なも
　　のではなくなるだろう。私は<u>彼ら</u>を見ながら，私がスタイル
　　ズ荘にはじめてきた頃にくらべると，ずっと幸福そうだし
　　―― そう，ずっと明るくなったようだと思った。

解説　英文と和文をくらべれば，二つの下線部において「**彼ら**」を「**彼
女**」に改めなければならないことは明らかである。

　誤植には，翻訳を読む読者にそれなりの違和感や不審の念をいだかせ
るような性質のものとそうでないものとがある。

　後者においては，読者は，何の不自然も感じないまま誤植をそのまま
受け入れ，場合によっては文脈そのものについて誤った解釈を定着させ
てしまうこともある。この例がその一つである。

● この引用文に（三つの Sentence を隔てて）先行する英文とその翻訳
　文を見ておく。

　　　In their hunts for wild flowers and birds, <u>**they**</u> had become
　　friends.
　　　（野の花や小鳥さがしを通じて，<u>**彼ら**</u>は友だちになったのだ）
　　　　　（この they は「彼女」と相手の男性の二人を指す）

　つまり，読者は誤植の「彼ら」はこの they を指す「彼ら」を引き
継ぐものとして解釈してしまい，「彼女」独自の存在はこの文脈から

消されてしまうことになる。誤植の罪は軽くない。

《2》　誤植か誤訳か

〔**4**〕 I myself had confessed that though there seemed, on
the face of it, every reason to support the practice, yet in
actuality I felt a sentimental shrinking from it. Besides, I
said, I thought it would put **too much** power in the hands
of relatives.

> 　　　私は次のような意見を述べた。表面上，安楽死の実施に賛
> 成する理由は充分にあるように思われるが，いざ実施すると
> なると，私は心情的に躊躇をおぼえる。そればかりか，安楽
> 死を許せば，肉身の手に<u>適当な力</u>を委ねることになる，とい
> うのである。

解説　法的には認められていないことであるが，安楽死の決定について，
患者本人の希望と承諾と，身内の人間の気持ちとの比重について述べら
れている。

　一般的には，下線部の too much ～ を「適当な～」と訳すことはな
いので，これは訳者の原稿面での訳が校了までの過程で不適当な訳に変
わってしまったものと考えられる。

　too much に対応して訳者が選んだ訳語としは，とりあえず「□当な」
の形で考えるならば「**過当な，不当な**」などが候補になるが，ここでは
特定することはできない。

　また，「適」と「過」が似ているとか，原稿で「**不適当な**」と訳され
ていたものの「不」が脱落してしまったのでは，との推測も可能である。

　なお，文末の relatives が「肉<u>身</u>」と訳されているが，これも「肉<u>親</u>」
の誤植である。

《3》 ぽ　か

---

〔5〕 'The one I can't make out', said Edith **shamelessly**, 'is Jennifer.'

　　　「わたしにわからないのは，ジェニファーという人なの」イーディスは**恥ずかしそうに**言った。

解説　「うっかり」は，すべての分野の人間の所業につきものであるが，翻訳においても，早とちりや勘違い，読み違えなどによるケアレスな誤りは，訳者の力量にかかわらず，遍在する。念のために辞書を引いておけば防げたはず，といったたぐいも含め，うかつな誤訳の例を幾つか見ておく。

　「**恥ずかしそうに**」に当たる英語は shamefully である。

　shamelessly は「(恥ずかしげもなく) **ぬけぬけと**」の意である。

● このように語尾が -fully と -lessly で対応する語としては，

　　carefully　（注意深く）—— carelessly　（不注意に）

　　thoughtfully　（思慮深く）—— thoughtlessly　（軽率に）

など，たくさんの例がある。

● shamelessly の同意語に **unashamedly** があるが，次に示した下線部の発音に注意。

　　　　　{ unasham<u>ed</u>　[ʌnəʃéimd]　（恥を知らない）
　　　　　{ unasham<u>edly</u>　[ʌnəʃéimidli]　（おく面もなく）

　《類例》　{ resign<u>ed</u>　[rizáind]　（あきらめた）
　　　　　　{ resign<u>edly</u>　[rizáinidli]　（断念したように）

---

〔6〕　They were tawdry and banal but in retrospect freighted with menace, a foreshadowing of what was to come, <u>like a **footman** or a fool preceding a king into a room</u>.

> それらは安っぽいありふれた出来事ながら，振り返ってみ
> れば，まるで王様を部屋に案内する**歩兵**か道化師のような，
> 凶事の先導者，来るべき事件の前兆だったのである。

解説　文頭の They（それら）は，女の子が白昼こつ然と姿を消した事件
にまつわる一連の出来事を指している。

　　footman は「**歩兵**」ではなく，「**従僕**（お仕着せの服を着た男の召使
い），下僕，下男」であって，ドアの開閉や来客の案内，食卓の給仕な
どをする。「**歩兵**」と「**騎兵**」を並べて見ておく。

　　　　$\begin{cases} \text{「歩兵」—— foot soldier, infantryman} \\ \text{「騎兵」—— mounted soldier, cavalryman} \end{cases}$

- **tawdry** [tɔ́:dri]「不快な，安っぽい」
  banal [bənǽl]「ありふれた，陳腐な」
  in retrospect [rétrəspèkt]「（過去を）振り返ってみると」
  freighted [fréitid] **with** ～「～を積んで；～がこもって」
  menace [ménəs]「脅迫，脅威」
  foreshadowing「前兆，予兆」
  fool「ばか者；（王侯貴族にかかえられた）道化師（jester）」
  precede (*vt.*)「～に先行する」
  　cf. **proceed** (*vi.*)「前進する」
- but in retrospect (they were) <u>freighted with menace</u> の下線部が
  「凶事の先導者」と訳されているが，これは「不吉な脅威がこもり」
  といった意味を表わす。

〔**7**〕　All the years he'd known her, <u>there hadn't been **many**</u>
<u>hugs</u>.

　　　　知り合ってからの長い年月の間に，**何回となく抱擁が交わ**
された。

解説　解説するまでもなく，原文の下線部は「抱擁を交わしたことは**あま**
りなかった」ことを述べている。

　もし答案であったならば，否定的な内容の原文を肯定的に変えてしまう誤答は，ただちに大幅な原点の対象となるものであるが，翻訳ではなんの咎めもなく，場合によっては，これに類するような訳が名訳として通ることもある。

● hug の同意語に embrace があるが，これは改まった語である。

　「愛情をこめて，ひしと抱き締める」という語感は，くだけた語である hug のほうが強い。

　なお，hug [hʌg] に対して，hag [hæg]「醜い老婆」の意で侮蔑的に用いられる語なので，［ア］の発音に注意して区別しなければならない。

---

〔8〕　Although Craig did not doubt the young man's sincerity, the speech made him vaguely uncomfortable. <u>In another place</u>, perhaps, he would have been touched.

　　クレイグとしてはこの若き映画監督の誠意は疑わなかったものの，その演説にはかすかな不快感を抱いた。<u>言葉を変えれば</u>，きっと，彼も心を動かされたということなのだろう。

解説　自作の映画の上映に先立って監督のスピーチがあり，それを聞き終わってのある観客の感想である。

　「言葉を変えれば」という日本語は，「換言すれば」の意で用いられることが多いが，この訳文は「演説の中の言葉を［一部］変えたならば」ということを述べているようである。

　原文の In another place は「別の場所であったならば」の意を表わす。話にも場所柄というものがあり，同じスピーチでも，時や場所，場合によって，聞くほうの感じ方や感銘の度合いは異なったものになるだろう。

●「言葉を変えれば」が「言い換えれば」の意であるならば，対応する英語は in other words である。

〔**9**〕 "You kid around with those people. <u>You take them seriously</u> and you've dismissed me."

　　「きみはそうやってごまかす。<u>みんなを**てきとうにあし**</u>**<u>らって</u>**，ぼくのことは放っておいて」

解説　下線部の前の文で，kid around with ~ は「~とふざけ合う」から「~といちゃつく」ぐらいの意味である。

　下線部の **seriously** が「いいかげんに」の意味での「**てきとうに**」と訳されているが，ふつうは「**まじめに，真剣に**」であり，take ~ seriously は「~をまじめに（真剣に）受け取る（受けとめる，考える）」などが標準訳になっている。dismiss は「解雇する；却下する」

　下線部を含む文は，たとえば次のようにまとめてみることができる。

　　「<u>きみは連中のことはちゃんと相手にしながら</u>，ぼくのほうはお見限りってわけだ」

● seriously の典型的な用例を一つ見ておく。

　compassion（同情心，思いやり）は人間の生まれつき備わった性質であるが，これを子供の心に育むにはどんなことができるのかを述べた文の一部である。

　　Treat no one with callous disregard. Children know when they are <u>being taken **seriously**</u> by others, and they imitate what they see. Therein lies both our hope and our peril.

　　　　　　　　　　　—— W. F. Bennet: *The Book of Virtues*

　　（どんな人でも冷たく無視してはならない。子供は，人が自分を**まじめに受けとめてくれる**とそのことがちゃんとわかり，また自分が見るものを真似する。私たちの希望も危険もそこにある）

《4》 でたらめ訳

〔10〕 There were no barriers between us. We were strang-
ers. I am a television announcer; we had met to do a job
and **out of courtesy** he asked me to dinner.

> 私たちのあいだには何も障碍はなかった。お互いに見知ら
> ぬ存在だった。私はテレビのアナウンサーで，仕事で顔をあ
> わせたのだが，彼は**いきなり**食事にさそった。

解説 ここで取り上げるのは，前項のような，読み違えたり勘違いしたり
したための軽はずみなポカではなく，語句や文の意味を（必要な検討や
吟味を怠ったり，手間を省いたりしたために）正しく理解することがで
きず，適当に（あるいは，いいかげんに，あてずっぽうに）その場しの
ぎの作文をしたと考えられるような誤訳である。

● 女が，男とレストランでディナーを共にする場面で始まる物語である
が，その食事をともにすることになったきっかけを述べた部分である。
　　out of courtesy は「いきなり」ではなく，辞書を調べてたどりつ
く意味は「儀礼上」といったものである。
　　女性といっしょに仕事をしておきながら，終わればそのまま "はい，
さよなら" ではエチケットに反する。紳士の淑女に対する儀礼にもと
る，と言えば大げさになるが，そういったニュアンスも伝えている。

● out of ～ は幾通りかの用法があるが，この場合は「理由」や「動機」
を表わす「～から」の意。

> *out of* curiosity 「好奇心から」
> *out of* necessity 「必要にせまられて」
> *out of* pity 「哀れに思って」

〔11〕 "She **defies description**," Wadleigh said. His tone was
hostile.

> 「彼女は**言葉にうるさいんですよ**」
> ウォドレーが言った。その口調には敵意がこもっていた。

解説　話題になっている「彼女」のことを評した言葉である。

defy description の直訳は，「描写を拒む」であり，「筆舌に尽くし難い」が，各辞書の定訳になっている。ここでも，「彼女は**とても言葉で表わせるような人ではない**」の意であり，敵意のこもった口調から「まともな人間じゃない」といったニュアンスを感じとることができる。

● defy description はまた **beggar description** とも言う。beggar は，ふつうは名詞として「物もらい」の意であるが，この表現では動詞として「〜しがたい」の意を表わす。

〔**12**〕 'What have you been doing since, **besides** going to dances?' he said.

> 「あれから，どうしていました？　ダンス・パーティは？」

解説　「ダンス・パーティは？」という省略的な訳は，具体的には「ダンス・パーティへは行きましたか（行っていますか）？」の意を表わすものと考えられるが，無視された形になっている besides 〜ing の意味を補えば，下線部は次のような訳になる。

> 「ダンス・パーティに出かける**以外には？**」

●次の二つは，その区別がよく注意される語である。

> beside 「〜のそばに」（= by the side of 〜）
> besides 「〜のほかに」（= in addition to 〜）

The girl sat *beside* him. （少女は彼のそばに座った）

There are many others, *besides* him. （彼のほかにも大勢いる）

Besides going to aerobics twice a week, she rides horses on Saturdays.

> （彼女は週二回エアロビックスに出かけるだけでなく，土曜日には馬にも乗る）

〔**13**〕 'Well, now …' The colonel topped up his own drink. 'He couldn't have picked a better evening, could he?'

　　「ふーん，なるほど…」大佐は自分のグラスのウィスキーを飲みほす。「それじゃあ，彼も寝ざめがわるかろうな?」

解説　下線部には平易な単語が並んでいるが，仮定法的な比較構文があてずっぽうの訳を生み出したものである。

　直訳は「彼はこれ以上に適当な夜を選ぶことはできなかっただろうな」で，裏を返せば「最適の夜を選んだ」ことになる。付加疑問のままの訳を離れれば，大佐は「まったくおあつらえ向きの夜を選んだわけだな」と言ったことになる。

● better が worse であれば，「これより悪い夜を選ぶことはできなかっただろう」で，「最悪の夜を選んだ」ことになる。

● なお，前の文の **topped up**（his own drink）は「飲みほした」のではなく，「（自分の飲み物を）なみなみとつぎ足した」のである。

〔**14**〕 … But she's forty years old! … No getting around it … Today *good-looking* … Tomorrow they'll be talking about what a *handsome* woman she is … Not her fault … But not mine, either!

　　… だがもう四十なのだ … いずれ避けて通ることはできない … いまは「美人」であっても，そのうち，昔はさぞかし「きれい」だったでしょうね，と言われるようになる … 彼女のせいではない … かといって，もちろんおれのせいじゃない。

解説　**good-looking** は男性にも女性にも同じように用いて「器量のいい，顔立ちのいい，美貌の」の意を表わす。

　handsome は，男性の場合は good-looking で「顔立ちのいい，ハンサムな」の意であるが，女性の場合は「押し出しのよさ，かっぷくのよ

さ」を伴う美貌を言う。これに当たる日本語は見当たらない。

　下線部は，過去時制の訳になっているが，「(そのうち) <u>なんてハンサ</u><u>ムな女性なんでしょう</u> (と言われるようになるだろう)」が正しい。

---

〔15〕①<u>He didn't want to show too much sympathy for fear</u><u>of further tears.</u> "Don't take it so hard, darling. ②<u>Wad-</u><u>leigh's survived a lot worse things than tonight.</u>"

　　　①<u>彼としてはこの場に際して必要以上の不安も涙も見せた</u><u>く</u>はなかった。「そんなに深刻にとるなよ，なあ。②<u>ウォド</u><u>レーなんてやつはどうしようもないんだから</u>」

解説　下線部の英文は，それぞれ次のようなことを述べている。

　① 彼は，これ以上涙を見たくなかったので，あまり同情を示そうと
　　はしなかった。

　② ウォドレーは今夜のことよりもずっとつらいことを経験してきて
　　いるんだから。

●下線部①で，涙を見せるのは「彼」ではない。相手に同情してやさし
　くすると，さらに涙を誘うことになるので，彼はあまり同情を示そう
　とはしなかったのである。

　下線部②では，a lot worse things（ずっとひどいこと）になんと
　なく「どうしようもない」という訳語を結びつけてしまったと考えら
　れる。survive は「～を切り抜けて生き残る」というこの語の基本的
　な意味がこの文脈にも当てはまる。

---

〔16〕"What is evil?　What is good?　Ideas on them vary
from century to century.　What you would be testing
would probably be a *sense* of **guilt** or a *sense* of **inno-**
cence."

　　　「悪とはなんですか？　善とはなんですか？　善悪の観念は
　　　時代とともに変わるのですよ。われわれが裁こうとしている

のは，おそらく**悪**の観念であり，**美**の観念なのです」

解説　イタリック体の sense は，ここでは idea（観念）と区別して，「意識，〜感」の意味で用いられている。

　　　a *sense* of duty　「義務感」

　　　a *sense* of beauty　「美意識」

　guilt は「悪」ではなく「罪［を犯していること］，有罪」であり，innocence も「無罪，無実」である。

　したがって下線部は「**罪**の意識または**無罪**の意識」となる。

● vary については次の類義語とともに正しく区別されなければならない。

　・**vary**　異なる，さまざまである，変化がある

　　Customs vary from country to country.

　　　　（習慣は国によってさまざまに異なる）

　・**change**　変わる，変化する

　　Our opinions change with time.

　　　　（われわれの考えは時とともに変化する）

　・**differ**　違う，異なる

　　My opinion differs from yours.

　　　　（私の考えは君のとは異なる）

　　⎧ Tastes *vary*.　（好みは人によりさまざまだ）

　　⎨ Tastes *change*.　（好みは変化する）

　　⎩ Tastes *differ*.　（好みは人によって違う）

《5》　語義の取り違え

〔17〕　He <u>had spent the day making **calls** on potential customers</u>. In the evening he had been at the office doing paperwork.

彼はその日は一日中，保険に加入してくれそうな客に<u>電話をかけていた</u>。夜はオフィスで，書類の作成に当たった。

解説　基本語はたいてい幾つかの語義が区別されるが，ある文脈において，その語義を取り違えて訳してしまうことがある。

　call も幾つかの意味が分類されるが，これは次の連語形式の区別を誤った例である。

　　He made a *call on* a friend. （友達を訪問した）
　　He made a *call to* a friend. （友達に電話をかけた）

〔18〕　I had the additional disadvantage of being unable to approve my own conduct; <u>being a child of the age</u>, I knew how wrong and how misguided it was.

　　わたしのばあいは自分の行為が是認できないだけ，よけいみじめだった。子供だというだけのことで，<u>それだけの**年齢**</u>にはたっしていたわたしには，これがまちがっていること，倒錯であることがわかったのである。

解説　my conduct（［是認できない］私の行為）とは，「後にも先にもただ一回の接触で不倫の子を生んでしまったこと」である。

●この age は「年齢」ではなく，a child of the television <u>age</u>（テレビ<u>時代</u>の子）などと同じ意味で用いられている。下線部以下をまとめれば，次のようになる。

　　「**今の時代**の子供であったので，私にはそれがいかに間違ったこと，心得違いのことであるかがわかっていた」

●「今の時代，現代」を強調する慣用句として in this day and age（今日この時代において）があるが，この表現においても「時代」を「年齢」とした誤訳例を示しておく。

　　... the Bible ... <u>in this day and age</u> is a pretty remote influence ...
　　　（…この**年齢**に達し，聖書の教えも遠い昔の記憶のうちに消えてしまい…）

ふつうの訳例は次のようなものである。

「…聖書も，<u>今の**時代**においては</u>，かなり遠い昔に影響を受けたものになってしまっている…」

〔**19**〕　She tallked of the trouble she had with her own father till she <u>put him in the **Home**</u>. I didn't quite know what the Home was but it sounded the right place for Father.

> 彼女は<u>とうさんを家に入れるまでに</u>，とうさんとの間に起こった苦労を語った。家庭ってどんなものか，ぼくにはよくわからなかったけど，それはとうさんにふさわしい場所のような感じだった。

解説　home が「家」，「家庭」ではなく，「(子供・老人などの施設としての) **ホーム**」を表わす場合である。the Home となっているので，特定のホームを指している。

　　　an old people's *home*　「老人ホーム」
　　　a children's *home*　「児童養護施設」

〔**20**〕　"I quite realize you may not be able to dispose of everything absolutely down to the last crumb, but you're not to mind that. ... **Rest assured** <u>someone will eat what you don't</u>. If there is anything you wish for which you do not see, kindly ask for it. ... "

> 「この全部をとことん平げるのは無理にちがいないから，それは気にせんでいい。… <u>すこし間をおけば食べられることもあるんだがね</u>。ここにないもので欲しいものがあったら，遠慮なく言いなさい。…」

解説　rest の用法は，名詞「休息」と動詞「休む，休ませる」に区別さ

れる。assure は「保証する」の意。

　下線部の **Rest assured** ～ に対する「すこし間をおけば…もある」という訳からは，Rest を主語，assured を述語動詞とする解釈（すこし間をおくことが～を保証する）が推測できる。

●実は，この Rest は「休む，安心している」の意で用いられた自動詞，assured はその補語で「確信して」いる状態を表わす。決まり文句であるが，You can **rest assured** that ～ と補うこともでき，直訳は「あなたは～だと確信して安心していていいですよ」であり，「かならず～だから安心していいですよ」と，確実なことを相手に保証する表現である。下線部の英語は次のようなことを述べている。

　　「**大丈夫**，君が食べないものはだれかが食べるからね」

● Rest assured ～ はふつうによく用いられる慣用表現であるが，英和辞典の中にはこれを載せていないものや，その存在がわかりにくいものもあり，辞書に頼らず解釈した場合の，一つの訳例である。

●下線部のあとの文 If there is anything (that) you wish for which you do not see は関係代名詞の二重制限の形をとっているが，二重制限の別の例を二つ。① は定型的な訳し方を示すが，② は自由な翻訳例である。

　　① There was not anything <u>that</u> he desired <u>which</u> he was denied.
　　　（彼がほしがったもので与えられなかったものは何もなかった）

　　② If you don't mind, Asa, <u>there's one thing I have to point out that you haven't learned.</u> We're not children.

　　　　　　　　　　　　　　　　　　—— Saul Bellow：*The Victim*

　　　（気にしなければ，いっておきたいことがある。きみが，その年齢になっても，学びとっていないことだ。いいかね，エイサ。ぼくたちはもう子供じゃない）

《6》 訳し落とし

> 〔**21**〕 I <u>woke yesterday</u> so depressed that I did not get up till after eight.
>
> 　　　ひどく沈みこんでいたので，八時すぎまで起きなかった。

解説　訳し落としには，不注意によるものも，意図的と思われるものもあり，脱落の単位も，語や句から，節（Clause），文（Sentence），さらには例外的に段落（Paragraph）にわたるものもある。訳者の手に余る厄介な部分を適当に省いた“手抜き”を推測させるような例もあるが，読者はいかなる種類の訳し落としにもまったく気づかず，またそれによって翻訳の質が問われることもない。

　以下〔22〕～〔25〕において，語・句・節・文の単位での「訳し落とし」の例を（順序はこのとおりではないが）一つずつ示しておく。

● **wake**（目がさめる）は **get up**（起床する）と対比して用いられる語であるから，特定の時を表わす yesterday と合わせて任意に省略することはできない。補っておけば，

　　　<u>「きのう目がさめたとき気分がひどくふさいでいたので…」</u>

> 〔**22**〕 I put my guitar away and sat there, maybe a bit sullen, <u>and that's how we travelled for a while.</u>
> Then we came out to a much wider canal.
>
> 　　　私はギターを置き，黙り込んだ。たぶん，不機嫌そうにしていたかもしれない。
> 　　　やがて，ずっと幅の広い運河に出た。

解説　若いギタリストと老歌手が，ゴンドラに乗って，夜のベニスの運河を進んでいくところである。下線部がそっくり抜けているので，補えば次のようになる。

「…たぶん，不機嫌そうにしていたかもしれない。私たちは，し
ばらくはそのようにして進んだ。

やがて，ずっと幅の広い運河に出た」

● **travelled** は，ここでは「旅をした」とは訳せない。ゴンドラに身を
ゆだねて運河を進んでいったことを述べているので。

---

〔23〕 He was the same height as David, which is not as
high by an inch as me, and thickset; one might even say
fat, <u>had he not been so broadly built</u>.

身長はデイヴィッドと同じくらいで —— ということは，
わたしと一インチもちがわないということだけど —— ずん
ぐりした身体つきである。あるいは太っているという人もい
ただろう。

解説　英文は「もし〜ならば，…だろう」という前提節と帰結節から成る
文であるが，その「〜ならば」の部分の訳が抜け落ちてしまっている。
その前提節は，if を用いた形にすれば *if* he had not been so broadly
built である。下線部の訳を補えば，次のようになる。

「もし彼があんなに横幅のある体格でなかったならば（でぶとさ
え言われたかもしれない）」

● **fat** は，日本語の「でぶ」に類した語感をもち，差別的な表現とされ，
特に女性に対して用いることは控えられる。

「太っている」状態を表わす語として，他に主なものは，

　　plump　「まるまると感じよく太っている」

　　chubby　「ぽっちゃりとした（幼児など）」

　　stout　　「がっしりと太った」

　　obese [oubíːs]　「(病的に) 肥満した」

なお，overweight は「太り具合」とは関係なく「目方が重すぎる」
状態を表わす。

〔**24**〕　He had betrayed the trust in our marriage ... This was the most <u>devastating</u>, shocking and hurtful experience of my life.

　　　　彼は夫婦の信頼を裏切った。… これは生涯で最もショッキングで辛い経験だった。

解説　**devastate** は completely destroy（完全に破壊する）の意であり，**devastating**（壊滅的な）は，三つ並んだ形容詞のなかで，最も迫力のある強烈な語である。これを省いてしまうと，大統領である夫の浮気の告白が妻に与える「立ち直れないほど打ちのめされてしまった」という痛切な気持ちを正しく伝えられないことになる。

●このすぐ前の部分で，浮気の事実を知らされたときの気持ちが，三つの過去分詞で述べられている。その箇所を，参考までに合わせて示しておく。

　　　I was <u>dumbfounded, heartbroken and outraged</u> that I'd believed him at all.

　　　（わたしはそもそも彼を信じた自分に<u>愕然とし，傷つき，腹が立った</u>）

　　　　・**dumbfounded**　「唖然としてものが言えない」
　　　　・**heartbroken**　「心を打ちひしがれて」
　　　　・**outraged**　「激怒して」

〔**25**〕　He did not feel Maisie's hand <u>grow limp</u> in his as she withdrew it.

　　　　握っているメイジーの手がそっとひっこめられたのにも，彼は気づいていなかった。

解説　**feel ～ grow ...**「～が …［の状態］になるのを感じる」（「知覚動詞＋目的語＋動詞の原形」の形）　**limp**「ぐんにゃりした，だらんとした」　**in his**［hand］「彼の手の中で」　**as**「～したとき」　**withdrew**

it「それ（＝彼女の手）を引っこめた」

　以上の語句を確認しておいたうえで，直訳的にまとめてみれば下線を施した grow limp に当たる部分が，訳から落ちていることがわかる。

　　　「彼は，メイジーが手を引っこめたとき，その手が自分の手の中でぐにゃりと力が抜けるのを感じとれなかった」

　したがって，囲み文の翻訳をそのまま生かして，脱落を補えば次のようになる。

　　　「握っているメイジーの手がそっとひっこめられたとき，その手がぐにゃりと萎えてしまったのにも，彼は気づいていなかった」

《7》　水増し訳

〔26〕 'Don't bother taking Jaime Miró alive,' he said.

　　　「ミロを何とか生け捕りしようなんて，面倒なことをするな。見たら即座に射殺しろ」
　　　大佐は全員に命令した。

解説　前項の「訳し落とし」とは逆に，原文にない要素を訳者が勝手に訳文に付け加えることもある。日本語としては，もっともらしい調子のいい文になるが，翻訳としては，原作者の苦心の彫琢（ちょうたく）を軽んじるもので，邪道である。

●訳文の下線部に対応する文は原文にはない。これを加えることによって，彼の命令は日本語としてなんとなく“かっこ良さ”を増すように感じられ，読者受けはするかもしれないが，あとの「全員に」などとともに，全編を通じた原作の冗漫を排する簡潔さ（brevity）を裏切る要素にもなりうるものである。

〔27〕　Alas！ he was in no humour for Italy．Bargaining for a legno bored him unutterably.

やれやれ！　今回のイタリア旅行はどうも気乗りがしない。<u>イタリアは何でも値切らなくてはならない国で，値切るのがエチケットみたいなものだが，</u>馬車の値段を値切るのもうんざりだ。

解説　原文にない要素である下線部が，訳筆のおもむくまま創作的に付け加えられて，訳文は本来の長さの三倍にも膨れあがってしまっている。原文にない情報を提供することによって文脈を補強しようとする意図も察せられるが，「翻訳」の質を高めることにもならず，控えられるべき趣向である。

● legno については，少し前の，"彼"が目的の地の駅に降り立った場面で次のような記述がある。翻訳文と並べてみる。

He must take what is suitably termed a "<u>legno</u>" —— a piece of wood —— and drive up eight miles of excellent road into the middle ages.

　　　（いみじくも<u>レーニョ</u>《すなわち棒切れの意》と名づけられた馬車に乗って，立派な道路を十二，三キロ走ると，ようやく中世風の町のなかへと入ってゆく）

〔28〕　One morning, Jeff said, "The police aren't looking for us, Tracy. I think we should be moving on."

Tracy felt a stab of disappointment. "All right. When?"

"Tomorrow."

She nodded. "I'll pack in the morning."

　　ある朝，ジェフが言った。

　　「警察はもうぼくたちを捜索してはいないと思うよ，トレイシー。そろそろここを立ち去ろう」

　　その提案はトレイシーの心を一撃した。<u>だが気丈を装って，こう答えた。</u>

　　「いいわよ。で，いつ出発する？」

　　「明日あたりでどうだい？」

　　　　トレーシーはうなずいた。
　　　　「明朝，荷造りするわ」

解説　やはり，下線部に対応する文は原文にない。文脈的になんらかの説
　明を補足する必要がある，といった場合ではもちろんなく，ただ「一撃
　されたが，気丈を装ってさりげなく答えた」と，訳文面だけで適当につ
　じつまを合わせた，ひとりよがりの名調子を装う文を付け加えたもの。
　　この種の創作は，原作者の文体的配慮に背き，読者を欺き，訳文の品
　位を損なうことにもなる。
●下線部の前の訳文「その提案はトレイシーの心を一撃した」について。
　　stab は「[突き] 刺す [こと]」であり，この部分もふつうに訳せ
　ば「トレイシーは刺すような失望を感じた」とか「失望がトレイシー
　の胸を刺した」のようなものになる。
　　「一撃」に典型的に対応するのは "blow" である。

《8》　複合誤訳

---

〔29〕　WADLEIGH was on the quay puking into the harbor.
Gail was standing near him, ready to grab him if he start-
ed to teeter toward the black water.　Anne was a few
yards away from Gail, (1)**making a point of not looking** at
Wadleigh.　Drunk (2)**as** (3)**he** was, Wadleigh, Craig was sure,
was not vomiting because of the wine he had downed.

　　　　ウォドレーは港のなかに突き出た波止場にいた。ゲイルが
　　　その脇に立って，彼が暗い海に身を投げようと歩き出したら
　　　すぐにとっつかまえようと身がまえていた。アンがゲイルか
　　　ら少し離れたところに，ウォドレーなんか(1)<u>べつにどうでも</u>
　　　<u>いいという感じで</u>立っていた。(3)<u>クレイグ自身</u>ひどく酔って
　　　いた(2)<u>ので，</u>ウォドレーが今夜あおったワインのせいだけで
　　　吐いているのではないことはわかっていた。

解説　並んだ二つの短い文の中に，① 慣用表現の意味，② 接続詞の用法，③ 代名詞が指すもの，に関する三つの誤訳が含まれる。

① make a point of ～ing は「つとめて～する」の意。

② Drunk **as** he was の as は「酔っていた<u>ので</u>」という「理由」ではなく，「酔っていた<u>が</u>」という「譲歩」の意味を表わす。これは接続詞を前に出して **Though** he was drunk と言い換えられる。

③ Drunk as **he** was は「<u>クレイグ自身</u>ひどく酔っていたので」と訳されているが，he はクレイグを指すのではない。Craig was sure は挿入要素（「クレイグは確かに～だと思っていたのだが」）なので，これをはずしてみれば，Drunk as <u>he</u> was, <u>Wadleigh</u> was not vomiting because of ～（酔っていたが，<u>ウォドレー</u>は～のせいでもどしていたのではない）となり，he は Wadleigh を指していることがわかる。

下線部をまとめれば次のようになる。

> 「アンはゲイルから少し離れたところにいて，ウォドレーを
> (1)<u>**なるべく見ないようにしていた。**</u>(3)<u>**ウォドレーは，酔っては**</u>
> <u>**いた**</u>(2)<u>**が**</u>（クレイグの見るところ）彼が飲んだワインのせい
> でもどしているのではなかった」

〔**30**〕　I am despatching a young priest, Father Herrera, to look after El Toboso in your absence. I trust that (1)<u>at least you will delay your holiday until you are fully satisfied</u> that Father Herrera is aware of all the problems which may exist in your parish, (2)<u>so you can leave your people with complete confidence in his care.</u>

> 　貴君の不在中，エル・トボソ教区を臨時に管理させるため，エアレラという名の若い神父を派遣することにした。(1)<u>貴君がこの休暇によって体力を回復するまでには</u>，エアレラ神父が貴教区の現在のトラブルをことごとく解決して，(2)<u>教区民の信頼を獲ち得るものと</u>，(1)<u>少なくとも</u>このわたしは確信している。

解説　"貴君"とは，エル・トボソ教区の神父である。休暇を願い出たところ，その返事が司教から届いた。休暇を許可し，神父の留守を預かる代理として若いエアレラ神父を遣わすので，その旨承知せよという。その文面の一部である。

●誤訳の複合性が込みいっていて，いちいち指摘することはできないが，主な点だけ見ておく。

　　(1) at least は主節の trust を修飾することはありえず，「少なくとも～まで延期する」である。また，delay your holiday（休暇を延ばす）が訳出されていない。

　　(2) so you can leave は so that you can leave と同意で，「～することができるように」という『目的』を表わす副詞節である。

　　leave ～ in his care は「～を彼の世話にゆだねる，～を彼に預ける」　with complete confidence「完全に信頼して」

●第二文を忠実に訳せば，次のようになる。

　　「(2)貴君が後顧の憂いなく教区民をエアレラ神父にゆだねることができるように，(1)少なくとも，教区内に存在するすべての問題を神父が把握できたと(1)貴君が十分確信するまでは休暇を延期されるであろうことを私は信じている」

《9》 卑俗な表現

〔31〕　"Stay a year if you want. Two. I'll charge you a third of the rent and make out good. See that old fart with the white hair right there? He's one of Leary's guys from the Brotherhood. Runs a leather shop now, you know, purses and sandals and belts and shit."

　　「なんなら一年いてもいいんだ。二年でも。家賃の三分の一を請求して，うまくやっていくさ。見ろよ，右手にしらが頭のじいさんがいるだろ。リアリー一味のひとりだ。いまは革製品の店をやってるんだと。バッグやサンダルやベルトだ

> と，ふざけるな」

解説　shit は「くそ，大便」であるが，また卑俗語として軽べつ的に「くそみたいな物（人），くだらない物（やつ）」などの意で用いられる。間投詞としても「くそ［ったれ］，ちきしょう」といった汚いののしり語として用いられる。この訳文での「ふざけるな」も，shit を間投詞的に解しての表現と思われるが，これは名詞用法であり，〜 and shit は慣用的に「〜などなど，その他［いちいち取りたてていうほどのことでもない］いろいろ」の意を表わす。

　　したがって，この部分は「<u>バッグやサンダルやベルトだとかの店をな</u>」のような訳になる。

● shit は代表的な卑俗語の一つであるが，セックスがらみの最も卑猥<ruby>卑猥<rt>ひわい</rt></ruby>な語である fuck（性交［する］），および，ののしり語として使われる damn（ちきしょう）と，「まったく気にしない」の意を表わす次の表現において用法を共にする。

　　I don't care（give）a *damn*（*fuck, shit*）what he says.
　　（彼がなんと言おうと知ったことか）

《10》　化ける引用文

〔**32**〕　Maybe I'll take up simultaneous membership in the Black Panthers and the John Birch Society and show everybody.　<u>To paraphrase a well-known writer: **Neither a student nor a policeman be**</u>.

　　おそらく，わたしは〈ブラック・パンサー〉や〈ジョン・バーチ・ソサエティ〉と同じような主義を支援し，みんなにそう言うでしょう。<u>高名なる作家とはどういうものかをわかりやすく教えてやるわけよ。**学生や警官のことは，そんなふうにはしてやらないわ**</u>。

解説　原作の文中において，有名な文句やよく用いられる諺などが引用されることがある。いちいちそれと断らずに引用された場合，訳者がそれと気づかないで，独自の訳文を工夫することもある。名文句とことわざの例がこの〔32〕と，次の〔33〕である。

●ホテルに滞在する父親のところへ届いた娘からの手紙の一部。手紙によれば，娘が自ら選んで入学したサンフランシスコの大学は，目下，学内紛争に荒れ，閉鎖寸前。まともな学問ができるような状況にはなく，対立する双方のリーダーの主張に逆らえず，何をしても同世代の裏切り者にされてしまう。自らの一定の立場を守り節を通すことなどはとうていできず，その都度相手の説に同調せざるを得ない。

　　引用文は，以上のあらましに続く文であるが，最初の文（Maybe ... everybody.）は次のようなことを述べている。

　　　「こうなったらいっそ，同時に〈ブラック・パンサー〉と〈ジョン・バーチ・ソサイエティ〉の両方のメンバーになって，みんなに見せつけてやろうかしら」

　　the Black Panthers（黒ひょう団）は戦闘的な極左黒人団体であり，**the John Birch Society** は狂信的な反共極右組織である。

●下線部の **paraphrase** ～ は「～を別の言葉（言い方）で言い換える」，**a well-known writer**（著名な作家）は，ここではシェイクスピアを指している。

　　Neither a student nor a policeman be. と言い換えられた元の文は，

　　Neither a borrower nor a lender be.

　　　　　　　　　　　　　　　　　（ハムレット：第一幕，第三場）

　　　（借り手にも貸し手にもなるな）

　　これは（ハムレットの恋人オフィーリアの父である）宰相ポローニアスが，フランス留学へもどる息子レイアーティーズに，船出を前に与えた教訓の中の有名な一行である。

　　下線部をまとめれば次のようになる。

　　「ある有名な作家の言葉を言い換えれば，"<u>学生にも警官にもなるな</u>"ってことね」

　　つまり，敵対する両者のいずれの側にも与することを許されない立場に当てはめて言ったものである。

〔**33**〕 "I won't tell you his name because he hasn't said yes or no yet. But he's read it. And nobody's said a word so far about money. And **there's many a slip** et cetera ... You understand."

> 「まだ返事を聞いていないから，誰だかは言えないが，と にかく，その監督もこれを読んだんだ。そして，今までのと ころ，誰も金のことは言わないんだ。まあ，<u>いろいろと見落 としその他はあるだろうが</u>…わかってくれ」

解説　プロデューサーとしての自分に送られてきた脚本の映画化の可能性 について話しているところ。すでに監督の候補者の目星もつけてある。
●ここでは諺の後半が省略されているが，それを補って示せば，

There's many a slip 'twixt the cup and the lip.

　　　　（'twixt は betwixt の縮約形で，betwixt は between の古い 形）

直訳は「コップと唇のあいだには多くのしくじりがある」であり， 「コップを唇に持っていくあいだにもいろいろとしくじりは起こる」， 「ちゃんと手に入れるまでは何が起こるかわからない」といった意味 を表わす。「一寸先は闇」という諺を当てることもある。ものごとは， 成功を目前にしながら不首尾に終わることがしばしばある。
●したがって下線部には，「実現するまでにはいろいろ［と問題も］あ るだろうがね」，「一寸先は闇ってこともあるしね」に類した訳が考え られる。

《11》 地の文が会話文に変身

〔**34**〕 "What a peculiar, beautiful girl," Anne said as they went into the hotel. "Do you know her well?"
　"I just met her a few days ago," Craig said. The truth,

as far as it went.
　"Is she an actress?"
　"Some kind of newspaperwoman. ..."

> 　「とっても変わった，きれいな女のひとね」ホテルのなか
> に入りながら，アンが言った。「よく知ってる人？」
> 　「ほんの四，五日前に知り合ったんだ。**本当だ，これまで
> のところはね**」
> 　「女優？」
> 　「一種の女性記者だ。…」

解説　原文の下線部でクレイグが言ったのは，明らかに "I just met her
a few days ago." だけである。翻訳のほうでは The truth, as far as it
went. も会話の一部に含められてしまっているが，これは独立した「地
の文」であって，会話文とははっきり区別される。

　したがって，下線部は次のように改められる。

> 　「「四，五日前に会ったばかりだよ」とクレイグは言った。**これは，
> その限りにおいて事実であった**」

●この文は，*It was* the truth, as far as it went. と補うことができ，It
と it はクレイグが言った内容を指す。

　クレイグはその「きれいな女の人」ともっと以前からのつき合いが
あるが，最近会ったのはほんの四，五日前である。「はじめて会った」
とは言っていないので，彼の言葉は，それが意味する範囲内で，うそ
ではなかった。

《12》　固有名詞と冠詞の落とし穴

〔35〕　"Edward Carne wasn't just **any Tom, Dick or Harry
of a customer**," Weston said with some acerbity. "It's nat-
ural for him to stick in my mind."

> 「エドワード・カーンさんは**常連客のトムやディックやハ
> リーとはちがいます**」ウェストンはいささか激しい口調で
> 言った。「彼のことが記憶に残るのは当然でしょ」

解説　この Tom, Dick, Harry は「トム，ディック，ハリー」という特
定の三人の男性を指すのではない。ごくありふれた名前として典型的な
この三つを並べることによって，特にだれということではなく，ふつう
一般の［男の］人を指して用いられる。

　また，〜 of a ... は，たとえば an angel **of a** boy（天使のような少
年）のように「〜のような…」の意を表わす。〔⇨ p. 88〕つまり，
angel の形容詞を用いて an *angelic* boy と言い換えることができる。

　　　　a mountain **of a** wave　（山のような波）

　　　　　　　（= a *mountainous* wave）

●以上をまとめれば，下線部は次のようなことを述べていることがわか
る。

　　　「エドワード・カーンさんは**ふつうのありふれたお客さんじゃあ
　　　ないんですよ**」（「エドワード・カーンさんは**そんじょそこらの
　　　並の客とはちがうんです**」）

PART 4

誤訳の類別

各種の誤訳の
分類・解説

誤訳の類別

この PART 4 では，各種の誤訳を，品詞別や文法事項別および構文別などに分類し，その他を合わせ，典型的な誤訳の例を一通りまとめておく。

〈1〉 名　詞

〔1〕 He had only called her Cathy once before and then, too, he had wanted something from her. Even in the moment of physical love <u>it had struck her as an **affectation**</u>.

> 彼がキャシーと呼んだのはこれが二回目だった。彼がそう呼ぶのは，彼女に何かを欲している時だけだ。情事のさなかにおいてさえ，<u>愛情のしるしとしてのそうした呼び方は彼女の心を打った</u>。

解説　母が殺人を告白して警察に連行され，息子である "彼" は，悲しみと苦悩の慰めを求めて，母の部屋にいる看護師のキャサリン（Catherine）のところへ来る。忍び泣く彼女に，彼が「キャシー，母はどうして自白したりしたんだろうね」と声をかけたところである。

● 「愛情」は affection であって，affectation は「気どり，てらい，みせかけ」などの意を表わす。

　　strike ～ as ... は「～に…という印象を与える」の意。

● 第一文においても，たとえば ～ then, too, ～ などの要素を含め，原文との対応がわかりにくい部分があるので，引用文全体の訳をまとめておく。

　　「彼は以前に一度だけ彼女をキャシーと呼んだことがあったが，そのときも，そう呼んだのは彼女になにかを求めてのことだっ

た。情事のさなかにおいてさえも，その呼び方は彼女にある<u>わ
ざとらしさを感じさせたのだった</u>」

●動詞の affect は，形の似た effect と区別される。

　　affect　「《動》〜に影響を及ぼす；〜をよそおう，ふりをする」
　　effect　「《名》結果，効果　《動》（結果として）〜をもたらす」

〔**2**〕　She said she could eat half a horse and, when he ad-
vised her nothing solid yet, said she would settle for some
ginger ale. ...　<u>There was nothing in the midget-refriger-
ator in the room but **hard liquor** and mineral water.</u>

　　　彼女は馬の半分ぐらい食べられそうだと言う。彼がまだ固
　　いものはだめだと言うと，ジンジャーエールでも飲めば落ち
　　つくかもしれない，と言った。…<u>部屋に備えつけのちっぽけ
　　な冷蔵庫には**強いリキュール**とミネラルウォーターしか入っ
　　ていなかった。</u>

解説　二人はホテルに泊まっている。彼女は昨夜ひどい下痢に見舞われ，
夕食に食べたものもすっかりもどしてしまった。今朝もまだ腹痛とむか
つきが残っているが，それも苦になるほどではなく，むしろ気分はいい
くらいだ。猛烈に空腹だ。

●ところで，冷蔵庫に入っていた hard liquor が「強いリキュール」と
　訳されているが，「リキュール」は **liqueur** であって，つづりが違う。
　hard liquor というのは，ブランデー，ウィスキー，ジン（gin），ラ
　ム（rum）などといった「強い酒」の総称で，distilled liquor（蒸留
　酒）のことである。

● hard liquor and 〜 の前の but は except の意で，nothing but ... と
　続けて考える。

● ale というのはアルコール飲料であって，ビールの一種であるが，上
　に出ている **ginger ale** というのはアルコールを含まない，しょうが
　で味をつけた甘い清涼飲料である。

●囲みの文中 she would *settle for* some ginger ale の箇所が「ジン

ジャーエールでも飲めば落ちつくかもしれない」と訳されているが，これも正しくない。settle には「落ちつく」の意があるが，**settle for 〜** は「(不十分ではあるが，望みどおりではないが) 〜を受け入れる，〜で手を打つ，〜に甘んじる」の意を表わす。たとえば，

> She wanted to be a lawyer but she had to *settle for* being a secretary.
>
> 　　(弁護士になるのが彼女の望みだったが，秘書でがまんしなければならなかった)

● 囲みの文でも，空腹でたまらない彼女は，もっと何か腹にたまるものが食べたかったのであるが，それがだめなら「ジンジャーエールでがまんすることにするわ」と言ったのである。

---

〔3〕 I came out intending to get the baby, and I shall re-turn an honourable **failure**.

　　赤ん坊を引き取るためにまたここへ来ましたが，たぶん『名誉ある**失敗**』をして帰ることになるでしょう。

解説　failure には「失敗」のほか「失敗者」の意味もある。success も同様に「成功」だけでなく「成功者」の意も表わす。

return a failure は「失敗をして帰る」ではなく，この return は次のような例の用法と同じである。

> He left a beggar and returned a millionaire.
>
> 　　(彼は物乞いとして出かけ，百万長者になって帰ってきた)

すなわち，文型的に言えば，この文はＳＶＣで，millionaire は一種の補語と解され，次のように言い換えてみることができる。

> He was a beggar when he left and [he was] a millionaire when he *returned*.
>
> 　　(彼は出かけたときは無一文だったが，もどってきたときは百万長者になっていた)

● したがって，下線部は「『名誉ある**失敗者**』としてもどってくることになるでしょう」の意で，「私はみごとに失敗してもどってくるで

しょう」のように訳しかえることもできる。

〔**4**〕　Sara Williams doesn't have normal feelings of affection, need for love, loneliness.　I think she would be labeled a psychopath.　She wants attention and she wants to impress.　<u>Also she wants **her own way**</u>.

　　セーラ・ウィリアムズは，愛情，他人(ひと)に愛されたいという欲求，孤独といったノーマルな感情は持っていない。精神病質者と言っていいだろう。他人に注目されたがり，他人をあっと言わせたがる。<u>しかも**独自の方法**でそうしたがるんだ</u>。

解説　get（have）one's own way は「（他人の気持ちや立場にかまわず）自分の思いどおりにする」の意である。同様に want one's（own）way と言えば「自分の思いどおりにしたがる」の意であって，上の下線部も，彼女は，

　　　「独自の方法でそうしたがる」

のではなく，

　　　<u>「何事につけ我意を通したがる」</u>

ような少女であることを述べている。

　次の二通りの言い方は同意である。

$\left\{\begin{array}{l}\text{He has \textbf{his own way} in everything.}\\\text{He has everything [in] \textbf{his own way}.}\end{array}\right.$

　　　（彼は何でも自分の思いどおりにする）

〔**5**〕　<u>By **common consent**</u> they met in the business room.

　　<u>**常識**からしても</u>事務室のほうがいいというので，一同は事務室に集まった。

解説　「常識」は common sense である。consent は「同意，承諾」であり，次のようなものが成句的に用いられる。

$\left\{\begin{array}{l}\text{by mutual } \textit{consent} \quad \text{「双方（両者）合意のうえで」} \\ \text{by common } \textit{consent} \quad \text{「全員（満場）一致で」}\end{array}\right.$

● したがって，この文は次のようなことを述べている。

「**全員の合意**によって，一同は事務室で会うことになった」

〔**6**〕　Tennis is often compared to chess because of <u>the al-</u><u>most limitless strategic **alternatives**</u> and the enormous mental pressure that can increase as you play through your strategy.

　　　　テニスは，<u>ほとんど無限な作戦上の**二者択一**</u>と，作戦を進めてゆくにつれ増大してゆくこともあり得る莫大な精神的重圧の故に，しばしばチェスにたとえられる。

解説　alternative の意味は，各種の辞書の主な定義をまとめれば，ほぼ次の三つになる。

　　　① 二者択一　　② 選択肢　　③ 代わりの手段（方法）

　この訳では ① が選ばれているが，原文では ② の「選択肢」，すなわち「選ぶことのできるいろいろなやり方」の意味で用いられている。

● 下線部はふつう次のように訳される。

「戦略的に**選択できる手**がほとんど無限にあること」

● 上に示した alternative の意味の ① と ③ の場合の用例：

　　① We are faced with the *alternative* of resistance or slavery.

　　　（われわれは抵抗か隷属かの二者択一に直面している）

　　③ We had no *alternative* but to walk.

　　　（私たちは歩く以外に方法はなかった）

● alternative はよく誤訳の対象になる語なので，やはり正しくは ②「選択肢」であるのに ③「代わりの方法」と誤った例を示しておく。

　　　Patients' bills of rights require that they be informed about their condition and about **alternatives** for treatment.

　　　（患者の人権は，患者が自分の病状について，また**それに代わる治療法**に関して，知らされることを当然とする）

下線部は「治療の<u>選択肢</u>, <u>選択できる</u>治療法」といった意味を表わす。

---

〔7〕 "I always try to look like a Republican when I'm a-broad," he said. "<u>It reassures the natives</u>."
　　She laughed.　She had a rumbling laugh ...

　　　「外国にいるときはいつでも共和党支持に見えるようにしているんですよ。<u>そうすれば, **在外アメリカ人たち**は安心してくれます</u>」
　　　彼女は笑った。げらげらと, …

解説　the natives の「在外アメリカ人たち」への変身は, 日本語で「ネイティブ」といえば「英語を母国語とする人」の意でよく用い, 日常生活ではそれがアメリカ人であることが多いので native =「ネイティブ」→「英語を話すアメリカ人」→「日本にいるアメリカ人」→「在外アメリカ人」という経路をたどったのかもしれない。

●名詞の **native** はもちろん「その土地に生まれた人, その土地の住人」であり, この下線部が述べているのも「そうすれば<u>この**土地の人たち**も安心してくれます</u>」ということである。

---

〔8〕 <u>Ballerinas</u> are beautiful to watch.

　　　<u>バレエ</u>はみていてキレイだ。

解説　単純な, 単語の不注意な混同による誤りの例である。
　「バレエ」は **ballet** [bæléi], **ballerina** [bæˈləríːnə] は「バレリーナ」で a female dancer in ballet (バレエの女性の踊り手) である。なお, 「主役を演じるバレリーナ」は **prima** [príːmə] **ballerina** である。

〔**9**〕　"Are you blaming him, now?　He gave him **the physi-
cal**, just as you asked.　What more was he supposed to
do?"

　　　「今になって，先生を非難なさるの?　先生はあの子に**お薬
を下**すった。あなたがお願いした通りにね。あのかたにそれ
以上の何をしてほしいと思ってらしたの?」

解説　physical は physical examination（健康診断，身体検査）を略した
語で，よく用いられる。
　　　The doctor gave me a thorough *physical* [*examination*].
　　　（医者は私に徹底的な健康診断をしてくれた）
●したがって下線部は「先生はあの子の**健康診断**をしてくださったの
よ」ということを述べている。

〔**10**〕　We cannot claim any successes either.　We should
give God all the **credit** and be extremely sincere when we
do so.

　　　成功も私たちの力によるものではありません。**結果**はすべ
て神に委ねるべきで，私たちは心底から信じてそのような態
度を取ることが大切です。

解説　credit はいろいろな意味で用いられるが，ここでは「功績，手柄」
などの意を表わす。
　　give [him] **credit** (for ～) は「(～に対して) [彼の] 功績を認める，
(～を) [彼の] 手柄とする」といった意味を表わす。
　　do は代動詞の用法で，when we *do so* を具体的に言い換えると，
when we *give God all the credit*（神にすべての功を帰するときに）で
ある。
●第二文をまとめておけば，
　　　「**私たちはすべては神のおかげ**であると考え，心からそのように

信じなければなりません」

〔**11**〕 <u>I know about the **perspective** from which all that exists appears awesome and mysterious.</u> Reflect upon eternity, consider, if you are up to it, oblivion, and everything becomes a wonder.

> ぼくもいっさいのものが神秘的で恐ろしいものに見える**透視法**のことは知っている。たとえば永遠の世界を考えてみたまえ。できるならば，忘却の世界を思ってみたまえ。そうすれば存在するいっさいのものがひとつの驚異となってしまうではないか。

解説 perspective には「遠近画法，透視図法」の意味もあるが，ここでは当たらない。この perspective は「観点，視点，見方」などの意味で用いられた例である。

関係詞節を分けてわかりやすく訳せば「その視点から見れば存在するすべてのものが畏怖すべき神秘的なものに見える ―― そのような視点のことを私は知っている」のようになる。

観点によっては，たとえば永遠や忘却の相のもとで考えれば，存在するすべてのものが畏怖すべき神秘的なものに見える。

● 下線部を直訳的にまとめておけば，

「存在するすべてのものが畏怖すべき神秘的なものに見える**視点について私は知っている**」

● know ～ と know of ～ は次のように区別される。

$\begin{cases} \textbf{know} ～ & \text{「（直接に，じかに）～を知っている」} \\ \textbf{know of} ～ & \text{「（聞いたり読んだりして）～について知っている，～のことを知っている」} \end{cases}$

〔**12**〕 A convulsion racked him as though he had been touched by a high-tension wire.

> "Holy man," she whispered.
>
> 　高圧電線にでも触れられたような衝撃が彼をつらぬいた。
> 「**すごい男**！」

解説　女性の指が男性に触れたときの，男性の反応に対して女性が発した
言葉である。

　man は間投詞として用いられることがある。そのときは無冠詞である。
　　Man, that was great !　（やあ，やったじゃない）
　　Man, it's crowded in here !　（うあー，ここは混んでるな）

● ここでも，冠詞がついていれば普通の名詞で，a holy man は「聖人，
聖者」の意を表わすが，無冠詞なので，「おやまあ」に類する間投詞
とした用いられた例である。次のようなことを述べている。

　　「『**あらまあ**』と彼女はささやいた」

● holy は，口語的に「すごい，ひどい」などの意を表わし，次のよう
な表現が慣用的に用いられる。

　　Holy cow (smoke, shit) !　（おや，まあ，わお）

● man のほか **boy** も驚きや喜びを表わす間投詞としてよく用いられる。

　　Boy, you are great.　（わあ，すごいじゃないか）

---

〔13〕　He glanced at the jury without seeing any individual.
　　　<u>They were an amorphous **mass** of faces.</u>

　　　　誰をということもなく，ちらっと陪審席に目を走らせた。
　　　　<u>彼らはみな，あいまいな顔をしてすわっていた。</u>

解説　amorphous [əmɔ́:rfəs] は「形のない，はっきりしない」，mass は
「かたまり，集まり，集合体」の意。

　訳文では mass がどのように解されているかわからないが，下線部は
次のようなことを述べている。

　　「彼らは形のはっきりしない，**顔の集まりであった**」

● amorphous は，翻訳文が示すような，「あいまいな顔」と faces を修
飾する語ではなく，mass を修飾するという関係にあることを，なる

べく訳文でも正しく認められるように配慮しなければならない。

〔**14**〕　Paul lets the **stench** rise up into his nostrils, breathing
it in freely.

ポールは鼻孔の**力**を抜いて，鼻から息を吸いこむ。

解説　病室で。入院している少年の母親が去ったあと，Paul はベッドの
脇のスツールに座っている。その Paul の呼吸するさまが描かれている。
「鼻孔の<u>力</u>」と訳されているのは，stench を strength と読み違えた
のかもしれない。stench は「悪臭」である。

nostrils は「鼻孔」，breathing it in の it は stench を指す。

●全文の訳をまとめておけば，

「ポールは，**悪臭**が立ちのぼって自分の鼻孔に入ってくるのをそ
のままにして，その悪臭をおおらかに吸い込んでいる」

〈2〉　代名詞

〔**15**〕　Sonny was a brother and a cop, and <u>a good one</u>.

ソニーは弟であり，警官であり，<u>いい**やつ**</u>だった。

解説　one は人を表わすこともあるが，たとえばこの訳文のように「彼は
いいやつだ」というときは He's a good *boy*. ／ He's a nice *chap*. など
あり，この名詞 boy, chap の代わりに one を用いることはできない。
one は代名詞であるから，先行する名詞を受ける形でのみ用いられる。

●下線部の one の先行詞は cop であり，次のような訳になる。

「ソニーは弟であり警官であり，そのうえ<u>りっぱな**警官**</u>だった」

〔16〕 She turned toward her husband, and I had the sense that Nora Clooney always looked at him this way, with the same expression. A loving **one** that went beyond duty and maybe even devotion as well.

> ノーラ・クルーニーは夫のほうを振り返った。彼女はいつもそんなふうに，同じ表情で夫を見やっている，私はそういう印象を受けた。妻としての務めの —— おそらくは献身さえも —— 届かないところに行ってしまった愛する**人**。

解説　a loving one は「愛する人」と訳されていて，代名詞 one は「人」を指すものと解されていることがわかる。しかし，先行詞となる「人」を表わす名詞をさがしても見つからない。

●この one の先行詞は expression であり，下線部は次のようにまとめられる。

> 「それは，義務を，そしておそらくは献身をも超えた，愛の**表情**だった」

〔17〕 "He was a remarkable king," Paul says, transfixed by the boy's gaze. "I remember **that much**."

> 「ヘンリー二世は立派な王だった」ポールは少年の瞳に刺し貫かれながら言った。「彼のことは**よく**覚えているよ」

解説　much は，ふつう「たくさん，多量」を表わす代名詞であり，もし I remember so *much*. ならば「私は非常に多くのことを覚えている」の意である。

　しかし，this（that）much は「これだけ（それだけ）」の意であって，this, that が示す量を表わす。ここでは「ヘンリー二世は立派な王だった」ということである。

●ここではポールは次のように言ったのである。

> 「僕が覚えているのは**それくらい**だよ」

〈3〉 動　詞

〔18〕　**Captain**: Ladies and gentlemen, this is your captain speaking. We'd like to inform you that we will be encountering some turbulence for the remainder of the flight. For your own safety, <u>we request that you **remain** seated with your seat belt fastened</u>. Thank you.

> **機長**：ご搭乗の皆様，こちらは機長です。この先，乱気流に遭遇するものと思われます。安全のため，<u>席に**戻り**，シートベルトのご着用をお願い致します</u>。ご協力ありがとうございます。

解説　この remain は，形容詞・分詞・名詞などを補語として「～のままでいる」の意を表わす。

> She *remained* silent.　（彼女はだまったままだった）
> He *remained* standing.　（彼は立ったままでいた）
> The problem *remains* unsolved.　（問題は未解決のままだ）
> Let's *remain* friends.　（これからも友達のままでいようね）

● したがって下線部は次のような訳になる。

> <u>「シートベルトを着けて，座った**まま**でいてくださるようお願いいたします」</u>

● なお，すぐ前の文にある remainder は reminder と混同しやすい。

> ⎧ **remainder**　「残り」
> ⎨
> ⎩ **reminder**　「思い出させるもの；注意，督促状」

〔19〕　I only **wondered that** Poirot had never thought of taking to bird glasses himself!

> ただ，ポアロは双眼鏡を使うことを，いままで思いつかな

かった<u>のではなかろうか</u>！

解説　次の二つの形は，はっきり意味を区別しなければならない。

> wonder if ...　「…かしらと思う，…だろうかと考える」
> wonder that ...　「…ということに驚く，…を不思議に思う」

I *wonder if* he passed the exam.

（彼は試験に合格した<u>のだろうか</u>）

I *wonder that* he passed the exam.

（彼が試験に合格した<u>とは驚いたね</u>）

● take to 〜 は「〜になじむ，〜が習慣になる，〜をするようになる」
といった意味を表わす。下線部は次のように改められる。

「私はただ，ポワロ自身が双眼鏡を使うことを思いつかなかった
ことを不思議に思ったのです」

---

〔20〕 Here are a couple of generalizations about England
that would be accepted by almost all observers.　One is
that English are not gifted artistically.　They are not as
musical as the Germans or Italians, painting and sculpture
have never flourished in England as they have in France.
<u>Another is that, **as** Europeans **go**, the English are not in-
tellectual.</u>

イギリス人には多くの人が認めている国民性が二, 三ある。
ひとつは彼らがドイツ人やイタリア人のように音楽的でなく,
またフランスにおけるように絵画彫刻が英国で栄えたためし
がないということである。<u>もうひとつは, ヨーロッパ人と異
なって英国人は知的でないということだ。</u>

解説　as 〜 go は「ふつうの〜とくらべれば：〜にしては」の意を表わす。

He is a good doctor, **as** doctors **go** nowadays.

（今日の医者にしては, 彼は良医だ）

It's cheap, **as** these things **go**.

（この種のものにしては，これは安い）

● したがって下線部は，

　　「もう一つ［の一般論］は，ヨーロッパ人にしては英国人は知的でないというものである」

　が正しい。

● 類例を一つ：

　　Fancy his gazing rapturously into his mistress' eyes, and whispering softly to her that she wasn't, on the whole, bad looking, **as girls went**!

　　　　　── Jerome K. Jerome: *Idle Thoughts of an Idle Fellow*

　　（彼がうっとりとして恋人の目を見つめ「あなたは，世間の女の子とくらべて，概してまあ，きりょうは悪くはありませんね」などと彼女にやさしくささやきかける図を，ちょっとまあ想像してみてください）

〔**21**〕　They shared the same bed, but <u>he **saw to it** not to re-tire</u> until it was morning and time for her to get up.

　　同じベッドに寝るのだが，彼は，朝になって彼女が起きる時間がくるまで，あまり眠れないようだった。

解説　see to it はふつう see ［to it］ that ... の形をとり「［かならず］…する（…である）ように取り計らう（注意する）」の意で用いられる。

　　Please *see* ［*to it*］ *that* it reaches him by noon.

　　　　（それがかならず正午までに彼のところに届くようにしてください）

囲み文では that 節の代わりに不定詞を用い see to it not to 〜 で「〜しないように注意する」の意を表わしている。

● retire は「退職する，引退する」の意味でよく知られるが，ここでは「床につく，就寝する」の意。下線部をまとめれば，

　　「彼は（朝がきて彼女が起きる時間になるまで）就寝することをしないように気をつけていた」

〔**22**〕　I just **throw** things **away**.

私は何でも<u>投げやりにしてしまう</u>。

解説　「投げやり」とは「仕事などへの取組み方がいいかげんで，無責任・ふまじめ・不熱心である様子」（三省堂『新明解国語辞典』）をいう。また和英辞典での「投げやりにする」の典型的な英訳は do one's work in a slipshod（half-hearted, perfunctory）way（manner）（ぞんざいに［心をこめないで，おざなりに］仕事をする）などであり，throw（投げる）の意味とは無関係である。

● throw away は「捨てる，処分する」で，囲みの英文は，

「私はなんでも<u>使い捨てにする</u>」

ということを述べている。

● throwaway は形容詞として，たとえば，

We live in a *throwaway* society.

（われわれは使い捨て社会に住んでいる）

のように用いられる。

〔**23**〕　Brenner had **thrown up** all over the floor of the hotel room, ...

ブレナーはホテルの部屋じゅうを<u>歩きまわり</u>，…

解説　動詞句としての throw up には幾つかの意味があるが，そのなかに「歩きまわる」は含まれない。よく用いられるこの自動詞句の throw up は「もどす，吐く」（= vomit）の意を表わし，この文は次のようなことを述べている。

「ブレナーはホテルの部屋の床一面に<u>もどしてしまい</u>，…」

〔**24**〕 Everyone else there had looked **resigned**; they had expected to wait, they had known they would have to wait.

> 誰も彼も<u>つつましやかにみえた</u>。あの人たちは待つ覚悟を持っていた，待つことになるのを知っていたのだ。

解説 resign は，自動詞としては「辞職する」，他動詞としては「断念する」の意であるが，形容詞として用いられる resigned は他動詞の過去分詞で「あきらめている」の意を表わす。「あきらめている」状態が「つつましやか」の意につながることもありうるが，ここでははっきり区別されなければならない。

●下線部の訳は次のように改められることになる。

> 「<u>そこにいるほかの人はみな，**あきらめているようにみえた**</u>」

〔**25**〕 On the left, <u>double doors **opened onto**</u> a large and beautifully rendered country-house room.

> 左手の観音開きの扉が**開かれていて**，**なかには**田舎の邸宅の広々とした美しい部屋が<u>再現されていた</u>。

解説 open onto ～ は「（ドアを）開けると～に通じている」の意を表わす。

> The door *opens onto* the veranda.
> （このドアはベランダに通じている）

beautifully rendered ～ は「美しくしつらえられた」，**country-house room** は「いなかの邸宅［風］の部屋」

●下線部は次のような訳になる。

> 「観音開きのドアは，広々として美しくしつらえられた，いなかの豪邸風の部屋<u>**に通じていた**</u>」

〔26〕 Ripping heavy-metal guitars and barking voices slammed from the speakers. She panicked, punched the power off. **Caught** her breath.

> 耳をつんざくようなヘヴィメタルのギターと，がなり立てる歌声がスピーカーから飛び出した。シェリーはパニックになり，あわてて電源を切った。息が**切れる**。

解説 「息が切れる」（＝激しい動きなどのために呼吸が苦しくなってあえぐ）は be out（short）of breath である。

catch one's breath は「息をのむ」（＝驚きや恐怖のために思わず息を吸ったままで止める）の意を表わす。

● したがって下線部は次のように改めなければならない。

「彼女は息を**のんだ**」

〔27〕 A disappointing love affair in Cambridge led to a suicide attempt. The family decided not to bring her back to Indiana. When she **threatened** to swallow more sleeping pills, they allowed her to attend Columbia University.

> ケンブリッジのハーバード大学へ進学したところ，ラブ・アフェアをひきおこし，失恋のあげく自殺を試みた。それでいて親たちは，彼女をインディアナに連れ戻そうとはしなかった。だけど，彼女がふたたび，睡眠薬を大量に飲んでみせると，ニューヨークのコロンビア大学への進学を許可した。

解説 ここのケンブリッジは，英国のほうではなく，米国マサチューセッツ州東部の学園都市で，ハーバード大学の所在地である。

● threaten to ～ は「～するぞといって脅す」ことであって，この訳文の「飲んでみせる」のように，その行為をすでにしてしまったことは意味しない。

したがって下線部は，ふつう次のように訳される。

「彼女が睡眠薬をもっと飲むわよと**脅すと**」

〔**28**〕 He was modest in his expectations <u>where the Bryan-ston Square Introduction Bureau **was concerned**</u>.

相手に対する彼の希望は，ブライアンストン・スクエア紹介所が**知りたがる範囲で言えば**，ささやかなものだった。

解説 彼は自分のアシスタントをつとめてくれる人物の紹介を「ブライアンストン・スクエア紹介所」に頼んである。

● He was modest in his *expectations.* は「彼はその期待においてささやかだった → 彼はあまり期待していなかった」の意を表わす。

expectations は「希望」ではなく「期待」であることがはっきり区別されなければならない。

つまり，「相手（すなわち彼が求める人材）に対する彼の<u>希望</u>」ではなくて，「紹介所が適材を紹介してくれることに対する彼の<u>期待</u>」を表わしている。

● be concerned は「かかわる」の意で，as far as ～ is concerned（～に関する限りは）という成句でよく知られる。

As far as I'm concerned, the issue is over and done with.
　　（<u>私に関する限りは</u>，この問題はすっかりけりがついている）

● where ～ is concerned は「～に関しては」の意で用いられる。

I'm not very good *where money is concerned.*
　　（僕は<u>金に関しては</u>いささか疎い）

●囲みの英文の訳は次のようにまとめられる。

「ブライアンストン・スクエア紹介所**に関しては**，彼はささやかな期待しか抱いていなかった」

〔**29**〕 Since our passions do not last forever, <u>our true task is to **survive** them.</u>

> 人の情は幾久しくつづかず，ならばその思い，<u>長らえさせ</u>
> <u>る</u>ことこそ，人の務めなり。

解説　survive は「～を生き延びる，～より長生きする，～のあとまで存
続する」などの意味を表わす。

　　　　She *survived* her husband by ten years.
　　　　（彼女は夫の死後十年生きた）

● *survive* our passions は「われわれの情熱を長く生き延びさせる」の
ではなく，「（われわれが）自分の情熱がなくなったあとも生き長らえ
る」の意を表わす。

● したがって，囲み文の訳は次のようなものになる。
　　　　「私たちの情熱は永遠に続くことはないので，<u>私たちが真になす</u>
　　　　<u>べきことは，情熱が**失せたあとも生き長らえる**ことです</u>」

〔**30**〕　He went into the bathroom and shaved carefully.
Then, <u>his face pleasingly **smarting** from lotion</u>, he went
back into the salon ...

> 彼は浴室に行って念入りに髭を剃った。<u>ローションをきれ</u>
> <u>いに**すりこんで**から客間に戻り，</u>…

解説　smart が形容詞の場合は，片仮名語の「スマート」の意味とは異な
り，「利口な，抜け目のない」などの意であることはよく注意されるが，
ここでは smart は動詞であり，いわゆる「付帯状況」を表わす分詞構
文で用いられている。動詞の smart は「ひりひりする」の意であり，
彼の顔が気持ちよくひりひりしている状態を述べている。

● 下線部は次のような訳に改められる。
　　　　「<u>顔がローションで快く**ひりひりする**のを感じながら</u>」

〔**31**〕　<u>There was an arrogance about her that **cried out** to</u>
<u>be **taken down** a notch or two.</u>　She flirted with him,

backed away, flirted again. She would treat him as if he were a stain on the bathroom rug ...

> <u>どこか傲慢なところのある女で，色をもうちょっと**薄くしろ**だの何だの**と大声で命令された**</u>。こっちにちょっかいを出しては気のないそぶりを見せ，またちょっかいを出してくる。まるで浴室の敷物についた汚れを相手にするように人を扱い，…

解説　彼は，"彼女" が仮住まいする家の寝室のペンキ塗りとして雇われて仕事をしている。

● cry や take といった平易な動詞が用いられた表現であるが，解釈の問題としては，英文を読みなれているかどうかが試される難問である。
　　cry out には「大声で叫ぶ」の意もあるが，**cry out to (do)** は「～する必要が大いにある」の意を表わす。
　　take down は「降ろす」を基本的な意味として，ここでは「（高慢を）くじく」の意で用いられている。
　　notch は「刻み目」であるが，副詞的に「一刻み分，少し」の意でも用いられる。
● 以上をまとめれば，下線部は次のような訳になる。
> 「彼女にはちょいとばかり**へこませてやら**なければならない高慢ちきなところがあった」

〈4〉　形容詞

〔**32**〕　If she was a liar <u>she was a **good** one</u>, despite the unfortunate blush.

> 彼女はたとえ嘘つきだとしても，**善意の**嘘つきである。ただ，残念だったのは顔を赤らめたことだった。

解説　good はさまざまな意味に区別されるが，ここでは三つの場合の例

だけを見ておく。

　①「良い，上等な」　a *good* education　（りっぱな教育）

　②「善い，善良な」　a *good* deed　（善行）

　③「うまい，上手な」　a *good* skier　（上手なスキーヤー）

● 「～する人」を表わす語，すなわち英語では主に -er で終わる語
（player, singer, *etc.*）を修飾する good は ③ の「上手な」の意味を表
わし，a good liar もこれに類する。

　　「彼女は**上手な**嘘つきであった，あいにく顔を赤らめはしたが」

〔**33**〕　It was at a party that this meeting took place : the
party was given by a rather **classy** television director.

　　　それはある**クラシックな**テレビ・ディレクターが開いた
　　パーティの席上だった。

解説　次の三つの語は混同しやすい。

　classy　　「高級な，洗練された，しゃれた；上品な，センスのいい」
　　　　　　a *classy* hotel（高級なホテル）

　classic　「第一級の；典型的な」　a *classic* film（第一級の映画，名
　　　　　　画），a *classic* example（典型的な例）

　classical「古典の，クラシックの」　the *classical* languages（古典語
　　　　　　［ギリシャ語・ラテン語］）

● 日本語では「**クラシック**音楽」というが，英語は classical music で
ある。「クラシック・バレー」も同様に classical ballet である。

● 名詞 class にもいろいろな意味があるが，口語的に「高品質，高級，
気品，品格，センスのよさ」などの意で用いられることがある。〔こ
の意味の形容詞が上の classy〕

　　　　He has（He's got）a lot of *class*.

　　　（彼はなかなかいいセンスをしている）

● 翻訳文は，簡略化された部分もあるので，全文をまとめておく。

　　　「この出会いが行われたのはあるパーティの席上だった。この
　　　パーティはある**一流どころ**のテレビ・ディレクターによって催

されたものだった」

---

〔34〕 "Curiously enough, in a related field, that of the ballet, <u>honor is given where honor is **due**.</u>

じつに奇妙なことに，似たような世界，たとえばバレー界などでは<u>名誉だけで**充分**に通用する。</u>

解説 due は「正当な，当然与えられる（支払われる）べき」の意を表わす。

Respect is *due* to older people.
（年上の人には敬意が払われなければならない）

●したがって，下線部は次のような意味を表わす。
「名誉は，それが**当然与えられるべきところに与えられる**」
つまり，正当に評価されて名誉が与えられることになる。

● due を含む慣用表現としては次の二つが重要である。
in due time　「（しかるべき時がくれば）そのうちに，やがて」
with (all) due respect　「（ご意見は十分に尊重しますが）ごもっともですが，失礼ながら」〔丁寧に反対意見を述べるときの前置き〕

---

〔35〕 He pulled a face and said <u>in his most **camp** tones, **camp**, vulgar, ladylike tones,</u> that filled me with extreme delight,

'I say, Rosamund, you are a one.'

彼は顔をしかめて，わたしを有頂天にさせる<u>あのじつに**軍隊式の言いかた**，兵隊のように卑俗で，女みたいなところもある言いかた</u>で言うのだった，
「ロザマンド，あなたって人はほんとにたいした人だね」

解説 camp は「キャンプ［する］」，「野営［する］」の意で名詞と動詞の

両方に用いられる。「軍隊式の」,「兵隊のよう」という訳は,「野営」から「兵営」(barrack)への連想が働いたためかもしれない。

● ただし,ここの camp は,「キャンプ」の camp とは別の語であり,辞書では **camp**^{2} として独立した別の見出しが設けられている。camp^2 のほうは形容詞としても用いられ「気取った,わざとらしい,芝居がかった」などの意味を表わす。下線部を訳しかえておけば,

> 「彼のいかにも**わざとらしい**調子,**わざとらしく**,卑俗で,淑女ぶった調子で」

● **you are a one**(あきれた人だね)は,主に《英》の慣用表現で,驚き,あざけり,非難などをこめて用いられる。

---

〔36〕 When Aesop wrote his stories he put at the end of them what is called a moral —— that is, he set down <u>in so many</u> words the lesson which he wished the reader to learn from the story.

> イソップは物語を書いたとき,その物語の終わりで,いわゆる教訓を述べた。つまり,イソップは,読者に物語から学んでもらいたいと思う教訓を,**たくさんの**ことばを用いて書いたのである。

解説 so many は文脈によって ①「非常に多くの」,②「それと同数の」という二通りの意味を表わす。

① *So many* things were forbidden me that I acquired the habit of deceit.

> (私は<u>非常に多く</u>のことを禁じられたので,うそをつく習慣が身についてしまった)

② They were so helpless as *so many* children turned loose upon the world.

> (彼らは<u>まるで</u>世の中におっぽり出された子供のようになすすべを知らなかった)

② の意味では「それと同数の」と直訳されることはまれであり,「ま

るで，ちょうど」その他，文脈に応じて，直訳的には対応しない適当な
訳が施される。

> The community consists of living persons, and without it we
> should merely be *so many* Robinson Crusoes.
>
> > （社会は生きた人間からなっているが，もし社会がなかった
> > ならば，われわれはみなロビンソン・クルーソーの<u>ような</u>
> > 存在になってしまうだろう）

●二通りの so many を区別したうえで，下線部の **in so many words**
にもどれば，これは固定した慣用表現で，「それと同じ数の言葉で」
という原意から「はっきりと；あからさまに」などの意で用いられ，
「言葉数多く」ではない。

> These children may not say thank you **in so many words**.
>
> > （この子供たちは，たぶん，<u>はっきりと口に出して</u>「ありが
> > とう」と言わないだろう）

●したがって，イソップは，それぞれの物語の終わりで，読者にその物語
から学んでもらいたいと思う教訓を<u>簡潔に</u>まとめておいたのである。

●誤訳例をもう一つ：

> No political form has hitherto been discovered which is equally
> favorable to the prosperity and the development of all the classes
> into which society is divided. These classes form, as it were, *so*
> *many* distinct communities in the same nation.
>
> > （社会が分かれているすべての階級の繁栄と発展に等しく好
> > 都合な政治形態は，いままでに発見されていない。これら
> > の階級は，いわば<u>非常に多くの</u>別個の社会を，同じ国内に
> > 形成し続けている）

● so many は「（階級と）同数の（社会）」の意を表わすので，日本語
では訳出しなくてもよい。この部分は「いわば，それぞれ別個の社会
を形成し…」ぐらいに訂正する。

〈5〉 冠　詞

〔37〕 I couldn't get through the time when he wasn't there, even an hour without him was like a lifetime. So I didn't see what I was going to do. Oh God, it was awful, that stretch of time before I knew the worst, <u>I was so lonely, and more or less housebound in **that mausoleum of a house**</u> —— it was like being a child again, ill with boredom waiting to grow up.

　　　彼がいなければ時を過すことができませんでした。彼なしでは一時間がまるで一生のような気がしました。これからどうしたらいいのか分らなくなりました。最悪の事態はまだ来ていなかったのに，時間の長さにもう耐えられなくなっていました。<u>私はとても淋しかったのに，**家という墓場**にしばりつけられたようになっていました</u> —— 退屈しきって，早く大人になりたいと思っている子供にもどってしまったような気分でした。

解説　of には，この訳に見られるように「～という」を意味する同格関係を表わす用法がある。たとえば，

　　　the city *of* Dublin　（[ダブリンという都市→] ダブリン市）

のような場合である。しかし，下線部のような

　　　a (the, this, his, *etc.*) ～ *of a* ...

という形をとる場合は，まったく異なった意味を表わす。すなわちこれは，

　　　「～のような…」

の意で，よく引かれる例としては，

　　　a **mountain of a** wave　（山のような波）

　　　　〔= a *mountainous* wave〕

　　　that **angel of a** boy　（あの天使のような少年）

　　　　〔= that *angelic* boy〕

- したがって，下線部の that **mausoleum of a** house は「大きな墓のような家」が正しい。
- 『比喩』表現の代表的なものは，①『直喩，明喩』（Simile［símili]）と②『隠喩，暗喩』（Metaphor［métəfər]）である。

① He is **like** a fox. （あいつはキツネみたいだ）

He is **as** cunning **as** a fox. （あいつはキツネみたいにずる賢い）

② He is a fox. （あいつはキツネだ）

すなわち，like ～（～のような），as ... as ～（～のように…）のような類似性を明示する語句を用いたものが明喩で，そのような語句を用いないのが暗喩である。

～ of a ... も比喩表現の一形式で，上の例をこの形で表わすと，

③ He is a fox **of a** man. （あいつはキツネみたいなやつだ）

となる。like などを用いた場合と比べて，直截な鮮明度の高い表現である。
- 幾つかの例を示しておく。

・a **pig of a** man　（ブタのような人間）

—— Agatha Christie: *Murder on the Orient Express*

・that **nothing of a** girl　（あんなつまらない尼っ子）

—— Sidney Sheldon: *A Stranger in the Mirror*

・a **chit of a** girl　（生意気な小娘）

—— John Wain: *The Smaller Sky*

・the **behemoth of a** man　（巨獣のような男）

—— Irving Wallace: *The Almighty*

・that **megalith of a** woman　（あの巨石のような女）

—— Agatha Christie: *Sleeping Murder*

・a **ghost of a** smile　（［幽霊のような→］かすかな微笑）

—— Mary Higgins Clark: *A Stranger Is Watching*

・such a **bear of a** man　（こんなクマみたいな男）

—— James Crumbly: *Dancing Bear*

・my small **shoebox of a** bookshop

（私の，靴箱みたいにちっちゃな書店）

—— Janet Desaulniers: *Age*

〈6〉　助動詞

〔38〕 'You must have tea！ <u>You **must** be exhausted</u>！ Just ring the bell. They can make some more.'

As one of the waitresses approached, they both turned on her a winning smile, begged for tea, ...

「お茶は飲まないとだめよ。<u>疲れてしまいます</u>。ベルを鳴らして。もうすこし何か作ってもらいましょう」

ウエイトレスが一人ちかづいてくると，母娘はどちらもにっこり笑ってみせてからお茶をたのんだが，…

解説 must の意味は，ふつう ①「〜ねばならない」と ②「〜にちがいない」に大別される。

最初の文（You must have tea！）の must は ① であるが，下線部のほうは ② の意味で用いられた例である。したがって，訳文は次のようになる。

「あなたはひどく疲れている**にちがいないわ**」

● **They can make some more.** の some more は「もう少し何か」ではない。make some more tea の tea が略された形なので，訳のほうは次のように改めなければならない。（They は店の人を指す）

「もう少しお茶をもらいましょう」

〔39〕 I did not wish ever to see them again. <u>I felt sad that they **should** have felt so sorry for me.</u>

彼らには二度と会いたくなかった。<u>こういう人たちがわたしに不愉快な気持を抱く**だろう**と思うと悲しかった。</u>

解説 should には，いろいろな感情を示す表現のあとの that 節 で用いられて，「〜だとは」，「〜だなんて」といった気持ちを表わすことがある。

　　　I'm surprised that she **should** know nothing about it.

　　　　（彼女がそのことを何も知らない<u>とは</u>驚いたね）

　　　It's a pity that he **should** have done such a thing.

　　　　（彼がそんなことをした<u>なんて</u>残念です）

●囲み英文の下線部でも should が同じように用いられている。

　　「彼らがそんなに私に同情してくれている**なんて**悲しいことだった」

〔**40**〕　―― yes, yes, of course <u>she knew one **should**n't call them mongol</u>.

　　　　　―― そうよ，そうよ，もちろん，<u>だれもが，彼らを蒙古人（モンゴル）というはずのないこと</u>ぐらい知っているわ。

解説　この shouldn't は，「～はずはない」ではなく，「～べきでない」の意である。次に should の三通りの用法を区別してみる。

　　　They **shouldn't** be satisfied with the result.

　　　　（彼らはその結果に満足<u>すべきではない</u>）

　　　They **cannot** be satisfied with the result.

　　　　（彼らはその結果に満足<u>しているはずはない</u>）

　　　They **must** be satisfied with the result.

　　　　（彼らはその結果に満足<u>しているにちがいない</u>）

●したがって，下線部は次のような訳になる。

　　「<u>彼らをモンゴルなんて呼んではいけないこと</u>を彼女は知っていた」〔小文字の mongol は軽蔑的に「ダウン症にかかった」の意〕

〔**41**〕　<u>He **could** stop her, try to explain</u>, but as she looks back at him from the doorway he can see her nascent concern in the slight tilt of her head.

　　　　ポールは彼女を押しとどめて説明<u>しようとした</u>が，戸口でこちらを振り返った彼女がかすかに首を傾けるのを見て，一抹の不安を感じているのがわかる。

解説 　下線部の過去形の **could** は，二行目の現在形の **can**（see）と用法がはっきり区別されなければならない。

　この could は「〜できた」という過去のことを表わす**直説法**の過去ではなく，「しようと思えばできるのだが」の意を表わす**仮定法**の過去なのである。

● 下線部は次のように訳してみることができる。

　　「彼は，彼女を引き止めて，説明しようとすることも**その気になればできる**のだが」

● **nascent**［nǽsənt］「発生しかけている，初期の」
　concern「懸念，心配，不安」
　tilt「傾き，傾斜」

　　he can ... 以下の部分で一部補っておけば「（彼女がかすかに首をかしげるのを見て）彼女が不安を感じ始めているのがわかる」

〔**42**〕　BACK on the highway, Jerry opened it up —— little jumps of eighty-five and ninety. They'd just passed an old pickup loaded with furniture when they saw the two girls.

"Look at that!" Jerry said, slowing. "I **could use** some of that."

Jerry drove another mile or so and then pulled off the road. "Let's go back," Jerry said. "Let's try it."

> 　ハイウェイに戻ると，ジェリーは車をすっとばした。85マイルから90マイルのあいだ。彼らが女の子の二人づれを目にしたのは，家具を積んだ旧型のピックアップ・トラックを追い越した直後だった。
>
> 　「あれを見ろよ！」とジェリーは言って，車のスピードを落とした。「あれなら**なんとかなるぜ**」
>
> 　ジェリーは1マイルほどそのまま進んでから，車を停めた。「引きかえそうぜ」とジェリーは言った。「アタックしてみる」

解説 　could use は慣用表現になっているが，この could は「〜できた」

の意を表わすのではない。たとえば,

　　I *could* kill him.

　　　〔誤〕　おれはあいつを殺すことができた。

　　　〔正〕　(できれば) 彼を殺してやりたいくらいだ。

　　I *could* dance for joy.

　　　〔誤〕　僕は嬉しかったので踊ることができた。

　　　〔正〕　嬉しくって踊り出したいくらいだ。

などでは, could は「できれば〜したい [くらいだ]」の意を表わす。

could use 〜 もこれに類した表現であって,「できれば〜が欲しい, 〜があってもいい」の意で, 仮定法過去を用いた控えめな表現をとりながら, 実はかなり強い欲求や必要を表わす。たとえば,

　　I *could use* a drink. (一杯やるのも悪くはないな)

と言えば「ぜひ一杯やりたいものだ」(= I would very much like a drink.) の意を表わす。

●したがって下線部の could も「なんとかなる」「うまくいく」といった『可能』の意味を表わしているのではなく, ドライブ中の二人の若者が, すれちがった二人の女の子を見て,

　　「ちょっと**付き合っても悪かない**な」

といった程度の反応を示したわけである。「いただくのも悪くはない」ぐらいに当たる表現をとりながら, 実はおおいに食指が動いていることを示している。

●類例を一つ：

　　Fanny and he embraced on the Venetian balcony, Dubin nuzzling her neck. Her hot floral breath drew his mouth to hers.

　　'In a little while,' she murmured after a long kiss. 'We've been traveling all day and I **could use** a bath.'

　　'Should we get into the tub together?'

　　'I'll be out in a sec, Lover.'

　　　　　　　　　　　　　　　—— Bernard Malamud: *Dubin's Lives*

　　(ファニーとドゥービンはベニス風のバルコニーで抱き合い,

　　　ドゥービンはファニーの項に鼻を押し当てた。彼女の熱い,

　　　かぐわしい息が, 彼の口を彼女の口に誘い寄せた)

　　「ちょっとお預けにして」長いキスをかわしたあと彼女が
　ささやいた。「一日中乗り物だったでしょう，<u>一風呂浴びた
　いわ</u>」
　　「いっしょに入ろうか」
　　「すぐに出るわよ」

〈7〉　副　詞

〔**43**〕　She asked what kind of photographs he took.
　　'Townscapes,' he said. '<u>Really **only** townscapes.</u>'

　　彼女はどんな写真を撮っているのか訊いてみた。
　　「街の風景です」と彼は言った。「<u>ほんとうに，ただの街の
　風景です</u>」

解説　次の二つの例で，only の二通りの意味を区別してみる。
　　①　They are *only* rumors.　（それらはほんの噂にすぎない）
　　②　He reads *only* mysteries.　（彼は推理小説しか読まない）
　①は「ほんの（〜にすぎない），単なる〜，ただの〜」
　②は「ただ〜だけ，〜のみ」
● 下線部は省略文になっているが，補えば次のどちらになるだろうか。
　　⑴　*They are* really only townscapes.
　　⑵　*I take* really only townscapes.
　質問の形に対応するのはもちろん ⑵ であり，訳は次のようになる。
　　　「ほんとに街の風景だけ（しか撮らないん）です」
● only の用法については次の区別がよく注意される。
　　　He is *only* a child.　（彼はほんの子供にすぎない）
　　　He is an *only* child.　（彼はひとりっ子だ）
　　　He is the *only* child.　（彼はただひとりの子供だ

　　　　　　　　　　　　　　　　—— 子供はほかにいない）

〔**44**〕　<u>Most people think of education as having **only** to do with school.</u>　Well, that is a good place to start.　In your case, your high school has a particularly good record for turning out fine students and I expect one reason for its success as such an excellent institution is the emphasis it places on discipline.

　　　たいていの人は教育は学校と関係がある<u>ぐらいにしか考え</u><u>ていない。</u>その通りで，学校は教育を始めるには好都合な場所だ。君の場合は，通っている高校は優秀な学生を育てることでは，特に立派な実績があり，そのような優れた学校としての成功の一因は，規律に関して学校が力を入れていることだと，私は考えている。

解説　副詞は，ふつう，それが修飾する語句に隣接して用いられるが，語調などにより，離れた位置に置かれることもある。

　　① 　He's **even** been to Antarctica.

　　　　（彼は南極にさえも行ったことがある）

　この even は to Antarctica を修飾しているので，厳密に修飾関係を示すとすれば，

　　　He's been **even** to Antarctica.

となるべきであるが，① の語順をとることも多い。

　　② 　I'm **only** going for two days.

　　　　（僕は二日間だけ出かけます）

　この only も for two days を修飾しているので，その関係を正確に表わすならば，

　　　I'm going **only** for two days.

となるが，② の語順が多く用いられる。

●この下線部の only も with school を修飾しているので，

　　　「たいていの人は教育というものは学校と**だけ**しか関係がないように思っている」

　と訳すのが正しい。

〔**45**〕 'Do you **ever** play in a band ?'
　　　　'My dear Peter, can you imagine me playing in a band ?'

　　「そのうちにバンドで弾くんですか?」
　　「おいおいピーター，わしがそんなことすると思うのか?
　　… バンドで演奏するなんて」

解説　ever は，時制によって「これまでに，かつて」，「これから，いつか」のように訳されることが多い。

　しかしまた，ever は，**never** と同じように，現在時制と用いて（過去とか現在とか未来に限らないで）すべての時を対象として，一般的に述べることがある。

　　　He **never** tells a lie.

　　　　（〔過去・現在・未来を問わず〕彼は<u>決して</u>うそをつか<u>ない</u>）

　　　Does he **ever** tell a lie?

　　　　（<u>いったい</u>彼はうそをつくことがあるか）

　never の場合には「決して〜ない」という適切な訳語があるが，ever にはこの意味にぴったり対応する訳語がないので，この例のように「いったい」といった強意的な表現を当てるのがふつうである。

●囲みの下線部の訳は次のようなものになる。

　　「いったいあなたはバンドで演奏されることなんかあるんですか」

〈8〉　前置詞

〔**46**〕　At least <u>she had a very vigorous champion **in** you.</u>
　　　　<u>どうやら彼女は，あなたに大いに弁護してもらうだけのな</u>
　　　　<u>にかをもってるらしいわね。</u>

解説　直訳することはできない英語的な表現の一つである。

　　　You have a great friend **in** Jim.

（［君はジムの中にすばらしい友達を持っている→］君にはジ
　ムというすばらしい友達がいる）

You will always find a good friend **in** me.

（［君は常に僕の中によい友達を見いだすだろう→］僕はいつ
　も君のよい友達だよ）

●同様に下線部は次のようなことを述べている。

　　「彼女にはあなたという熱心な支援者がいたのね」

〔**47**〕　He had cooked the last lobster and was eating it, <u>eat-
ing it **off** the counter with his hands</u>.

　　　　残っていた最後のロブスターの調理を済ませ，食べている
　　　最中だった。<u>彼は調理台**から離れて**，手づかみでそのロブス
　　　ター</u>を食べていた。

解説　**off** の基本的な意味は「離れて」であるが，副詞と前置詞の用法が
区別されなければならない。

　　　　He sent *off* a letter.（彼は手紙を発送した）〔副詞〕
　　　　　〔He sent a letter *off*. の語順もとる〕
　　　　He got *off* the bus.（彼はバスを降りた）〔前置詞〕
　　　　　〔He got the bus *off*. の語順は不可。off は常に名詞の前〕

●下線部の off は前置詞であるが，「〜から離れて」という訳にはなら
ない。食べ物は器などから「離れて」口に運ばれ，off はそのような
状態を表わすが，そのように訳出されることはない。

　　　　eat dinner *off* silver plates（銀の皿で夕食を食べる）

●下線部でも，調理台に置かれたロブスターが，そこを「離れて」口に
運ばれる状態が述べられており，"彼"が調理台から「離れて」食べ
ているわけではない。

　　　　「彼は最後のロブスターの調理を済ませ，それを食べていた ——
　　　調理台のロブスターを手づかみで食べていたのだ」

〔**48**〕 "I don't know that all this education is a good thing for a maid, Miss Deborah." <u>Martha managed to convey that she had managed perfectly well **without** it.</u>

> 「私は教育というものが，メイドにとっていいものかどうかわかりませんねえ，デボラさん」
> <u>マーサが言おうとしたのは，教育が**なかったら**，彼女はまったく欠点のないメイドになれたかもしれないということだった。</u>

解説　デボラはこの家の娘，マーサは召使いである。

manage to (do) は「なんとか（どうにか）～する」，convey は「伝える」，manage well は「うまくやりくりする（対処する，生活する）」

● without は「～がなかったら」と「条件」を表わすものと解されているが，正しくは「～なしで，～なしに」の意であり，下線部は次のようなことを述べている。

> <u>「マーサは，自分は教育を受けてい**なくても**，なんの支障もなくちゃんとやってきたということをそれとなく伝えた」</u>

●マーサが伝えた内容を表わす翻訳文（「教育がなかったら，彼女はまったく欠点のないメイドになれたかもしれない」）に対応する英語は，原文を部分的に改めた形で示せば，次のようになる。

> Without (But for) education, she <u>might have managed</u> perfectly well as a maid.

●あることを「した」ことを述べる場合，次の三通りが区別される。
たとえば「彼はメッセージを伝えた」は，

He **conveyed** the message.「伝えた」

He **managed to convey** the message.

> 「なんとか（どうにか）伝え［ることができ］た」

He **succeeded in conveying** the message.

> 「首尾よく（うまく）伝えることができた」

〔**49**〕 She was an actress with that extra indefinable something that made her a popular success.　She had no private life.　It would have been a high price to pay **for** some, but not, he guessed, **for** her.

> うまく説明はできないが，彼女は人気者になれる素質を持った女優だった。彼女にはプライベートな生活というものがなかった。誰か**のために**そうなったのなら高い犠牲を払ったことになるだろうが，自分**のためなら**，どうということもないだろう。

解説　ふつうの人にとっては，仕事のためにプライベートな生活が失われることは大きな代償となるが，女優である彼女にとってはそのような意識は薄いようである。

● この文の **for** は「～のために」ではなく，「～にとって［は］」の意を表わし，下線部は次のような訳になる。(It は前文の内容，すなわち「彼女に私生活がないこと」を指す)

> 「それはある人たちにとっては高価な代償であっただろうが，彼女にとっては ―― と彼は推測したのだが ―― そうではなかった」

〔**50**〕 You heard him. 'They're good people up at the House.'　A simple statement of truth.　He would maintain it **against** the evidence of God Almighty at the Judgment Seat itself.

> 君も聞いただろう，"あの家の人たちはみないい人ばかりです" って彼が言ったのを。簡単だが真実が溢れた言葉だ。万能の神が求める証言として，彼は法廷でもそれを主張するだろう。

解説　the Judgment Seat は，the Judgment Day（最後の審判の日）の

「審判の席，裁きの庭」の意。the evidence of God Almighty は「（裁きの主である）全能の神が提示する証拠」

● against は「～に反対して，～に逆らって」の意を表わすので，彼はそのような証拠に対抗してでも，彼らが善良な人々であることを主張しようとしているわけである。訳文は次のようになる。

> 「彼は最後の審判の席において，全能の神の証拠に逆らってでもそのことを主張するだろう」

●「絶対に真実である」ことを主張するときにはふつう「神に誓って」と言うが，ここでは「神に逆らってでも」と述べているところに，独特の妙味が感じられる。

---

〔51〕 Sitting talking to him and his wife **over** coffee and Danish pastries, I would suddenly be assailed by sharp memories of his lips and teeth and naked flesh.

> コーヒーを飲み**ながら**，彼と彼の妻に向かってデンマークの菓子の話をしていると，とつぜん，彼の唇や歯や肌の記憶がわたしの心に突きささってきた。

解説 over は「～しながら」の意を表わし，典型的には talk *over* a cup of tea（お茶を飲みながら話をする），do business *over* lunch（昼食をとりながら商談する）などであるが，対象となるものは飲み物や食べ物のほか，いろいろである。

> He fell asleep *over* his work.
>
> （彼は仕事をしながら寝入ってしまった）
>
> They chatted *over* their cigars.
>
> （彼らは葉巻をくゆらせながら雑談した）

● 下線部では over は coffee だけでなく Danish pastries も目的語としているので，下線部の訳は次のようになる。

> 「コーヒーを飲みデニッシュペーストリーを食べ**ながら**，座ったまま彼と彼の妻に向かって話していると」

Danish pastry は「果物・木の実・糖衣などをのせたパイ風の菓子

パン」である。

---

〔52〕　They said all that, and then were silent for a while before Kathleen made her final comment : that <u>what they had heard had been all the more terrible to listen to **with a man dead in an upstairs room**</u>.

　　　ひとしきりその話をしてから，しばらく沈黙したあと，キャスリーンが最後の感想を付け加えた。私たちが聞いたこと，<u>二階にいる故人のそばで聞いていたら，ますますひどい話だったわね</u>。

解説　*with* a man dead in an upstairs room の **with** はいわゆる『付帯状況』を表わす。

　　　He came in *with* a bag under his arm.

　　　　　（彼は小わきにかばんを抱えて入ってきた）

　　　Don't speak *with* your mouth full.

　　　　　（口に食べ物をほおばったまましゃべるな）

　　　She went out *with* no coat on.

　　　　　（彼女はコートを着ないで外出した）

● したがって下線部のこの箇所は，「男の人が二階の部屋で死んでいる状態」が付随していることを述べている。

● all the more ～ の the は「それだけ」の意味を表わし，あとにその理由を述べる表現を伴う。

　　　I like her all *the* better ⎰ *for* her shyness.
　　　　　　　　　　　　　　　⎱ *because* she is shy.

　　　　　（彼女が内気なので［それだけ］いっそう彼女が好きだ）

　　　この下線部では，付帯状況（with ～）がその理由を表わしており，次のような訳になる。

　　　<u>「私たちが聞いた話，二階の部屋に死んだ人がいる**ので**，聞くのがいっそうこわかったわね」</u>

〔**53**〕　Look at me. When these bandages come off, am I really going to look the way I did twenty years ago? I don't know. And <u>it's a long time since I was last **between** husbands</u>.

> わたしをご覧なさい。この包帯がとれたって，はたして二十年前に戻れるかどうかわかりゃしない。それに<u>独身だったときなんて，もう大昔だしね</u>。

解説　"わたし"は大女優。かつては派手な恋愛沙汰や結婚，離婚などで話題を提供したが，今は艶名も衰え，整形手術を受けている。

● between husbands は文字どおりには「夫と夫のあいだ」であるが，「前の夫と離婚して，次の夫とまだ結婚していない」状態を表わす。

　したがって，下線部の訳は，直訳的ニュアンスを離れるが，内容的には次のようなものになる。

　「<u>最後に離婚したのも大昔のことだしね</u>」

〈9〉　接続詞

〔**54**〕　She did not hate him, **even as she had never loved him**; with her it was only when she was excited that the semblance of either passion arose.

> <u>まるで</u>一度も夫を愛したことがない<u>かのように</u>，憎むこともしなかった。愛でも憎しみでも，とにかく夫にたいして感情のようなものが生ずるのは，興奮したときだけだった。

解説　「まるで～かのように」に対応する英語は as if, as though である。even as は just as と同じで，ここでは「ちょうど～のように」の意を表わす。

　Things developed *even as* you said they would.

（事態はまさに君がそうなるだろうと言ったとおりに展開した）

●したがって，下線部を含む前半の訳は次のようになる。

「彼女は，<u>ちょうど彼をかつて愛したことがなかった**のと同じように**</u>，彼を憎むこともしなかった」

●下線部のあとの with her が訳されていないが，これは「彼女にとっては」の意を表わす。

---

〔55〕　The sun makes a last burst from the trees, dances into the clouds —— its deep orange and red lighting up the pillbox, **even as** the darkness comes down over us.

　　　太陽が木立の中で最後の光を輝かせ，雲の中へと踊りこむ —— 濃いオレンジ色と赤の光が監視所を輝かせる。<u>同時に黒い帳がわれわれの上に降りてくる**のだとしても**</u>。

解説　ここでは even as が「〜だとしても」と訳されているが，「〜だとしても」に対応する英語は even if, even though である。

　even as は，やはり，just as と同じであるが，前項では「ちょうど〜のように」と as が『様態』を表わしたのに対し，ここでは『時』を表わし，「ちょうど〜のときに」の意で用いられている。

　　　He called *even as* you left.

　　　　（彼はあなたとちょうど入れ違いにやってきた）

●下線部を，翻訳文と同じように訳し下げる形で示しておけば，

「<u>**ちょうどそのとき**夕闇がわれわれの上に降りてくる</u>」

---

〔56〕　"Yes," said Harriet. "Yes." She did <u>not</u> realise, <u>as David did</u>, how annoyed these two parents were.

　　　「そう」と，ハリエットはいった。「そうなの」<u>デイヴィッドと同じく</u>，彼女もまた，この両親がどれだけ気をもんでいるのか理解していなかった。

解説　as David did の **did** は realised を表わす代動詞であり，デイヴィッドは「理解していた」のである。

翻訳文の「<u>デイヴィッドと同じく</u>，彼女もまた…理解していなかった」という日本語は，具体的には「デイヴィッドが<u>理解していなかった</u>のと同じく」という意味になってしまう。

●このような形で not が先行している場合，as の訳し方に注意しなければならない。

> This practice is ***not*** usual here, ***as it is in Japan.***
>> （×）　この慣習は，<u>日本と同じく</u>，ここでは一般的ではない。
>>> （「日本でも<u>一般的でない</u>が」の意になる）
>> （○）　この慣習は，<u>日本とは違って</u>，ここでは一般的ではない。
>>> （「日本では<u>一般的である</u>が」の意になる）

●したがって囲みの下線部も，たとえば次のように改めなければならない。

>「<u>デイヴィッド**と異なり**，彼女は…理解していなかった</u>」

---

〔57〕　She thought of him throughout the drive. <u>Not **as** he was at dinner but **as** she remembered him before.</u>

> 彼女はタクシーに乗っているあいだ，ずっと夫のことを考えていた。<u>彼の食事の時間だった**から**ではなく，彼のことを以前と同じように思い浮かべた**から**だ。</u>

解説　as は最も活用度の高い語であり，はっきりと用法を分類できないこともあるが，この文での as は「～だから」という『理由』を表わす場合ではない。

たとえば次のような例と同じ用法である。

> I think of her not *as* she is at her office but *as* she is at home.
>> （私は職場での彼女ではなく，家庭にいるときの彼女を思い浮かべる）

●したがって，下線部の訳は次のようなものになる。

>「<u>食事の席での彼ではなく，以前からの記憶にある彼のことを</u>」

〔58〕　In her opinion he didn't know what it was to be moderate, he exaggerated everything.　**But then** his love for her also had an exaggerated character.

> 彼女の意見では，彼は中庸であるとはどういうことであるかを知らない，何でも誇張する。**しかしそれならば彼女に対する彼の愛も誇張された性格をもっていた。**

解説　but then は一つのまとまった熟語であって，両語の訳をつなぎ合わせただけの意味を表わすのではない。直前に述べたことの意外さを弱めたりするために言い足すときなどに用いられるが，「しかしまた，もっとも，でも，だが」などと訳されることが多い。

> No one ever listens to what I say, *but then* I'm only an assistant.
>
> > （だれも僕の言うことに耳を貸そうとしない —— もっとも僕は助手にすぎないんだけどね）
>
> She is so selfish. *But then* who isn't?
>
> > （彼女はとても自己本位だ。でもそうでない人がいるかね）

●囲み文の下線部でも次のように改めておかなければならない。

> 「もっとも彼女に対する彼の愛も誇張された性格をもっていた」

---

〔59〕　That Easter was the first of the family parties.　Rooms had been adequately **if** sketchily furnished, ...

> その年の復活祭〔イースター〕は，この家族の最初のパーティだった。どの部屋もちょっとした飾りつけをするのにあつらえ向きで，...

解説　この訳文では if がどのように解されているかわからないが，*A if B* は「たとえ B であっても A」の意味を表わす。

> an informative *if* dull lecture
>
> > （退屈ではあっても有益な講義）
>
> an enthusiastic, *if* small, audience

　　　（数は少なくても熱心な聴衆）
●したがって下線部は次のような訳になる。
　　「各部屋には，まばら**ではあるが**十分に家具が備わっていた」

---

〔60〕　They had looked everywhere and were forced to search places they'd already looked.　<u>If this ain't the god-damnedest thing I ever saw</u>, the electrician said.

　　　すでにあらゆるところを見て回っていたので，同じ場所をもう一度捜すことになった。<u>ひどく厄介な事件にならなければいいんだがね</u>，と電気工事人は言う。

解説　これは，かなりの英文の読み手でも誤りうる表現の一つである。"if this（that）isn't ＋ 最上級"の形で，「これは最も〜だ」という最上級の意味を強める言い方である。
　　　If this isn't the stupidest thing I ever heard.
　　　　　（こんなばかげたことは今まで聞いたことがない）
　直訳すれば「これが今まで聞いたなかで最もばかげたことでなかったならば」となり，従節だけで，主節を欠いていて，意味が完結しないことになるが，次のような日本語と通じ合う要素を認めることができる。
　　　「これが最悪でなければ，なにが最悪なんだ」
　　　　　（→これこそまさに最悪）
●下線部の訳は次のようなものになる。
　　「こんなにいまいましいことははじめてだ」
　あるいはまた，文脈によって，
　　「まったく，いまいましいったら，ありゃーしねえ」

〈10〉 否　定

> 〔61〕 I'm willing to bet <u>you did**n't** see **everything** there is to see.</u>
>
> <u>ここには何も見るべきものがなかったと解していいんだね。</u>

解説 not ～ anything（なにも～ない）は『全体否定』で, not ～ everything（すべてが～であるわけではない）は『部分否定』である。

$\begin{cases} \text{I did}n't \text{ see } anything. \quad（私はなにも見なかった）\\ \text{I did}n't \text{ see } everything. \quad（私はすべてを見たわけではない）\end{cases}$

● **I'm willing to bet ～** は「～だということは賭けてもよい, きっと～だね」の意。everything there is to see は「(存在するところの見るべきすべてのもの→) 見るべきすべてのもの」

●下線部は次のようなことを述べている。

「君は見るべきものを**すべて**見た**わけではない**んだな」

これを「見るべきものをすべて見なかった」とすれば, 部分否定を全体否定に解した誤訳ということになる。

> 〔62〕 He worked without energy but <u>feared **not** working.</u>
> He labored striving not to forget. He must hold on to the facts and to language.
>
> 　　精力的に打ちこむことはできなかったが, <u>仕事をすること</u>はこわく**なかった**。必死になって忘却と戦いながら, 彼は営々と仕事をつづけた。事実と言葉から離れてはいけない。

解説 次の二文を比較:

① He did **not** fear working.

② He feared **not** working.

① では not は動詞 fear を打ち消し「彼は仕事をすることを恐れな

かった」の意。

　② では not は動名詞を打ち消し「彼は仕事を<u>しない</u>ことを恐れた」
の意。

　alcoholic（アルコール中毒者）をもじって作られた workaholic（仕事
中毒者）という語があるが，そういう人たちも，「仕事をしないこと」
に不安を感じるのだろう。

● not の否定関係について，次のような場合も正しく区別されなければ
ならない。

　　　① It is **not** hard to like him.

　　　② It is hard **not** to like him.

　① では not は文の動詞 is を打ち消し「彼を好きになるのはむずか
しいことでは<u>ない</u>」

　② では not は不定詞 to like を打ち消し「彼を好きになら<u>ない</u>こと
はむずかしい」

●場合によっては文脈により二通りの否定関係が成り立つこともある。

　　　The best thing is **not** working.

　　　①「いちばんいいことは働くことでは<u>ない</u>」

　　　　　　　　　　　（not は文の動詞 is を打ち消す）

　　　②「いちばんいいのは働か<u>ない</u>ことだ」

　　　　　　　　　　　（not は動名詞 working を打ち消す）

●次の例では，同じ "is not to" の形であるが，文意により否定関係が
区別されなければならない。

　　　① To be independent *is **not** to* rely upon others.

　　　② To learn *is **not** to* memorize.

　① では not は不定詞を打ち消し「自立するとは他人に頼ら<u>ない</u>こ
とだ」の意。

　② では not は is を打ち消し「学ぶことは記憶することでは<u>ない</u>」
の意。

●次はこの二通りの not が二つ並んで用いられた例：

　　　Ignorance is ① **not** ② **not** to know; it is ③ **not** to try to know.

　① の not は is を打ち消し，② の not は不定詞を打ち消す。③ の
not は ⓐ is と ⓑ 不定詞 のどちらを打ち消すと考えるのがよいか。

is を打ち消すとすれば，

　　ⓐ「それは知ろうとすることでは**ない**」

の意になり，不定詞を打ち消すとすれば，

　　ⓑ「それは知ろうと**しない**ことである」

の意になるが，文脈から ⓑ でなければならないことがわかる。文意は次のとおり：

　　「無知とは知ら**ない**ことでは**ない**。それは知ろうと**しない**ことである」

〔**63**〕 Craig took a cold shower to wake himself up. <u>While he did**n't exactly** have a hangover</u>, he had the impression that his eyes were fractionally slow in keeping up with the movements of his head.

　　　目をさますためにクレイグは冷たいシャワーを浴びた。宿酔_{ふつかよい}の気分は**ぜんぜんなかった**が，ただ，自分の眼が頭の動きにどうもよくついてこないという感じがしたのだ。

解説　not at all は「まったく〜でない」の意で『全体否定』であるが，not always（entirely，exactly など）は「常に（完全に，正確に）〜であるわけではない，かならずしも〜であるわけではない」の意を表わし，『部分否定』である。

　　This is *not at all* correct. （これは全然正しくない）

　　This is *not exactly* correct. （これはまったく正しいわけではない）

● 下線部は全体否定的に訳されているので，部分否定の訳に改めなければならない。

　　「二日酔いという**わけではなかったが**」

● while 「〜だが」（= though）

　fractionally 「ほんの少し，わずかに」

　keep up with 〜「〜に遅れないでついていく」

〔64〕　There was that huge party at William Empson's. Bloodworth had gone with one of Mr. Empson's former students (<u>who, as it turned out, had **not** been invited either</u>).

> ウィリアム・エンプソンの屋敷で盛大なパーティーがあって，ブラッドワースはエンプソンのかつての弟子のひとりとつれだってそこにでかけた（<u>あとになってわかったことだが，実は二人のうちの**どちらも**招待されていなかった</u>）。

解説　肯定文での too に対して，否定文では either を用いる。

　　　　He had been invited **too**.　（彼も招待されていた）

　　　　He had **not** been invited **either**.　（彼も招待されていなかった）

● 下線部も，この not ～ either の場合で，訳は次のようになる。

> 「<u>彼**も**，あとになってわかったことだが，招待されていなかったのだ</u>」

● 翻訳文の「二人のうちのどちらも招待されていなかった」の英語は，

　　　　Neither of them had been invited.

● なお，下線部 who の先行詞は one of Mr. Empson's former students（エンプソン氏のかつての教え子のひとり）であるから，「二人」というのも誤訳であって，「彼」でなければならない。

---

〔65〕　'Luck, you call it, luck,' <u>I said, **un**able **not** to speak</u>. 'Luck, is it?'

> 「<u>幸運ですって，幸運だとおっしゃるのですか</u>」わたしは<u>口がきけ**なかった**</u>。「幸運，なのですか？」

解説　次の二組の文を比較してみる。

　　① He was **un**able to speak.　（彼は話せなかった）

　　② He was **un**able **not** to speak.

　　　　（彼は話さないではいられなかった）

それぞれ次のように言い換えてみることもできる。

① → It was **im**possible for him to speak.

② → It was **im**possible for him **not** to speak.

●すなわち，この例からも明らかなように，下線部は次のように改められなければならない。

　「私は話さ**ない**でいることが**でき**ないで言った」

　あるいは「私はだまっていることができずに言った」のようにも訳せる。

●上の ② では否定の意味を表わす接頭辞（un-, im-）と否定詞（not）が用いられ，『二重否定』の文になっている。「否定＋否定→肯定」の意味関係が成り立つが，次のような文が典型的な例である。

There is *no* rule *without* some exceptions.

　　（例外のない規則はない）

　　　　　〔= *Every* rule *has* some exceptions.〕

This kind of mistake is *not uncommon*.

　　（この種の間違いはまれではない）

　　　　　〔= This kind of mistake is *quite common*.〕

I left *no* means *untried*.

　　（どんな手段も試みないではおかなかった〔→可能な限りの手段を尽くした〕）

〔**66**〕　You were **never** far from the country in England, thought Barrett.

　　もうすこししたらイギリスの田舎だ，とバレットは思った。

解説　not と never の意味は，はっきり区別されなければならない。

You are **not** far from the country.

　　〔↔ You are near the country.〕

　　　　（田舎から遠く離れていない ↔ 田舎の近くにいる）

You are **never** far from the country.

　　〔↔ You are *always* near the country.〕

　　　　（田舎から遠く離れているということが決してない ↔ いつ
　　　　も田舎の近くにいる）

●したがって，この下線部は，

　　　「イングランドでは田舎から遠く離れていることは**決してない**」

ということを述べており，裏返し的に訳せば，

　　　「イングランドではどこにいても田舎を身近に感じる」

のようになる。

〈11〉 比　較

〔**67**〕 'I hate to say it,' she began, 'but everything at home is
getting worse, bleak.' <u>It was **not so much** that she hated
to say it, **as** that she was inadequate.</u>

　　　「こんなことをいうのはいやなんだけれど」と彼女ははじ
　　めた。「家では何もかもまずいことになりかけているの。だ
　　んだん険悪になってくるのよ」<u>いたたまれない気持だと言い
　　たかったが，そんなことを口にするのはいやだった。</u>

解説　not so much *A* as *B* は，入試問題でもよく対象になる表現であり，
「A というよりもむしろ B」の意を表わす。

　　　He is *not so much* a scholar *as* a journalist.

　　　　〔= He is a journalist *rather than* a scholar.〕

　　　　　（彼は学者というよりはむしろジャーナリストだ）

●翻訳文は原文をまったく離れた当てずっぽうの訳にまとめられている
　が，下線部が述べているのは次のようなことである。

　　　「彼女は言うのがいやというよりは，うまく言えなかったのだ」

● bleak〔bli:k〕は「険悪な」ではなく「わびしい，味気ない」といっ
　た意味。

　inadequate〔inǽdikwət〕は「不十分な，不適当な，十分な能力がな
　い」などの意。

〔**68**〕　"The verdict should be based on clear thinking.　In your case there's a strong animosity.　<u>Your judgment is **no more** valid **than** Mrs McKay's.</u>　You're both emotionally motivated."

　　　　「評決は冷静な考えに基づいて出さなければなりません。あなたには強い憎悪があります。<u>あなたの判断はマッケイさんの判断より**さらに**妥当性を欠いてます。</u>お二人の発言はあまりにも感情的すぎます」

解説　no more 〜 than ... は「…以上に〜でない」の意ではなく，「…でないのと同じように〜でない」の意を表わす。たとえば，

　(a) You are **no more** young **than** I am.

　　①〔誤〕　君は僕よりも若くはない。

　　②〔正〕　君は僕［が若くないの］と同じく若くない。

　すなわち，「私は若くない」という明らかな例を引き合いに出して，それと同じく「君は若くない」ということを述べる文である。

　これに対して ① の意を表わす英文は，

　(b) You are **not** young**er than** I am.

である。なお，(a) は次の形をとることもある。

　(a)' You are **not** young **any more than** I am.

●したがって上の下線部は，

　　　　「あなたの判断はマッケイさんの判断と同じく妥当ではありません／あなたの判断が妥当でないのは，マッケイさんの判断が妥当でないのと同じです」

のような意味を表わしていることがわかる。

〔**69**〕　"<u>I did**n't** mean to.　**Any more than** I meant to with Mummy.</u>　It happened too quickly.　I couldn't stop it. ..."

　　　　「あんなことする気はなかったのよ。マミーだけでおしま

> いにするつもりだったのよ。あっという間の出来事だったわ。
> …」

解説　情緒不安定な少女。前に，発作的な衝動に駆られて母を殺している。
なぐって，なぐって。そして今また，飲酒をいさめた同居人の女性を，
同じように繰返し殴打して殺してしまった。

● この文は，前項で no more ～ than ... と併せて説明した not ～ any
more than ... の構文。したがって，この下線部は，「ママのときにも
そんな［殺そうというような］ことするつもりがなかったように，今
度もそんなことをするつもりはなかったのよ／そんなことするつもり
なかったの。ママのときもそうだったように」の意を表わしている。

---

〔70〕　It was a lesson to poor Mrs. Haydon not to do things
any more for anybody.　Let everybody take care of them-
selves and never come to her with any troubles; she **knew
better** now **than** to meddle to make other people happy.

> 　もうだれの面倒も見るものじゃないと哀れなミセス・ヘイ
> ドンは骨身にしみて思った。みんな自分のことは自分で面倒
> を見させておけばよい，そうすれば何も厄介なことにはなら
> ないのだ。彼女は今，他人を幸せにしようなどと，余計なお
> 節介するよりもましなことに気づいたのである。

解説　know better than to ～ は「（～するよりも分別がある→）～しな
いだけのわきまえがある，～するような［ばかな］ことはしない」の意
を表わす。したがって，この下線部は「彼女は今，他人を幸せにしよう
とお節介をやくようなことはすべきでないことを悟った」といったこと
を述べている。

● 上の訳文のなかで「そうすれば何も厄介なことにはならないのだ」と
いう部分も正しくない。英語のほうは Let everybody ...... never
come to her with any troubles と続くわけであるから，正しくは「（み
んな自分のことは自分で面倒を見させて）絶対に私のところに面倒な

ことを持ち込ませないようにしなくてはならない」である。

● **know better than to ～** は，よく次のような形の書き換えが行われる。

　　You should *know better than to* quarrel.

　= You should not be so foolish as to quarrel.

　= You should be wise enough not to quarrel.

　　　（けんかをするなんてばかなことをしてはいけない）

〔**71**〕　There was little logic in their argument, but <u>it was</u> <u>the nearest</u> they had ever come to a quarrel.

　　　この二人の議論にはロジックが欠けていた。しかし，<u>それ</u> <u>が論争に発展するには，あまりにも**親密な**仲だった</u>。

解説　nearest（最も近い）から「親密な」という訳が出てきたようであるが，訳文は原文からまったく離れてしまっている。

　下線部の直訳は，

　　「それは彼らがそれまでに**最も**口論に接近したものであった」

つまり，こういうことである。

　この二人は口げんか（quarrel）というものをしたことがない。今，彼らは筋の通らない議論（argument）をしているが，これは，文字どおりの口げんかではないが，「二人のあいだで行われた，口げんかに**最も近いもの**だった」

　二人が，まあ口げんかといえるようなものをしたのは，これが初めてだったのである。

●これと同じ表現の誤訳例をもう一つ：

　　We've no children, that's what it is. ... Toys you made. For other people's kids. Lovely madness. **The nearest** you ever got to paternal instincts.

　　　　　　　　　　　　　　　── Arnold Wesker: *The Friends*

　　（あたしたちには子供がない。それなのよ。… あんたはおもちゃを作った。ほかの子供たちのために。愛らしい狂気。<u>あんたが父親の本能に**一番近づいた**ときに作ったものがこれ</u>）

●この誤訳例の英語には，文頭に It's が省略されているが，その直訳は，

「（この愛らしい狂気は）あなたが父性本能に**最も近づいたものな
のだわ**」

である。あなたには子供がなく，まともな父性本能は持ち合わせてい
ないかもしれないが，そのあなたが父性本能に最も近づいた形がこの
愛らしい狂気なのだ，と言っている。訳としては，いろいろな工夫が
許される表現であるが，この文脈では，

「あなたにしてはまあ精いっぱいの父性本能なのね」

ぐらいも，その一つに考えてよい。

〔**72**〕 It was **not the least** of the gifts Constance had
brought him.

　　　コンスタンスが彼にもたらした贈り物は**それだけではな
かった。**

解説　It は女性が男性に与える性的な満足感を表わしている。

not the least は「最少のものではない」の意から「かなり大きな（大
切な）もの，主なもの」の意を表わす。

●この文は次のようなことを述べている。

「それはコンスタンスが彼に与えた贈り物のなかでも**かなり大切
なもの**だった」

〔**73**〕 He shaved and took a shower. He should look and
smell his best for her. It was **the least** he could do.

　　　彼は髭を剃り，シャワーを浴びた。彼女のために，できる
だけきちんと，いい匂いをさせていなくてはならなかった。
彼にできることはせいぜいそのくらいなのだ。

解説　the most one can do と the least one can do は「～にできる最大
（小）限のこと」の意から，それぞれ「せいぜい」（at most），「せめて」

(at least) の意味に通じる。

> This is *the most* I can do for her.
>
> > （[これが私の彼女のためにできる精いっぱいのこと→] 私が彼女にしてあげられるのは<u>せいぜいこれだけ</u>です）
>
> This is *the least* I can do for her.
>
> > （[これが彼女のためにできる最低限のこと→] 彼女に<u>せめてこれだけ</u>はしてあげなければならない）

● 下線部の翻訳文は the least ではなく the most に対するものであり，次のように改められなければならない。

> 「彼は**せめて**それくらいのことはしなければならなかった」

● かつて試験で，この表現に関して次のように書き換えを求める問題が出題されたことがある。

> $\begin{cases} \text{This is the least you can do.} \\ \rightarrow \text{You have to do at least this much.} \end{cases}$

〔**74**〕　For about a week he allowed himself a glimpse each day. He felt an intense desire for the woman, but it was a desire that turned to disgust after a minute or two. <u>It was the **closest** he'd come to infidelity.</u>

> 一週間というもの，日に一度は，内緒で姿を拝ませてもらった。ひどく欲求を感じたくせに，一分か二分も見ていれば欲求は嫌悪感にすり替わった。<u>彼の場合，あれが不倫に近づいた危機だった。</u>

解説　妻が読んでいるファッション雑誌でたまたま目にしたモデルの女性の写真を切り取って，こっそりと眺めている。

infidelity は「背信，不義」

● そのような写真を楽しむことは，ふつうは不義と呼ばれるようなものではないが，彼にとっては不義に最も接近した行為なのであった。

> 下線部は定形的によく用いられる文である。訳しておけば，
>
> 「それは彼としては不義に**最も近づいた**行為だった」

〈12〉　仮定法

〔**75**〕　On the other hand he might be a murderer. If he were, then <u>fear **would** keep his mouth shut for a little longer. But in the end he**'d** crack.</u>

　　しかしもしかすると犯人かもしれない。そうだとしたら，<u>不安からもっと長い間沈黙を守って**いた**のかもしれない。だが，少年はやがて口をきった</u>。

解説　fear *would* keep ～ と he*'d*（= he would）crack の両方の **would** は，If he **were** という前提節の仮定法過去に対応して帰結節で用いられた助動詞の過去形である。

●したがって下線部の訳は次のようになる。

　　「不安から彼はもうしばらく沈黙を続ける**だろう**。しかし最後には口を割る**だろう**」

〈13〉　不定詞

〔**76**〕　This morning, lying in the dark before the children woke, she had felt a tapping in her belly, demanding attention. Disbelieving, she had half sat up, looking down at her still flat, if soft, stomach, and felt the imperative beat, like a small drum. She <u>had been keeping herself on the move all day, **so as not to feel** these demands from the new being</u>, unlike anything she had known before.

　　その朝，子供たちが目を覚ますまえに，暗がりの中で，彼女は身を横たえたまま，お腹の中に何か，注意をひこうと軽

くたたくものを感じた。信じられぬままに，彼女は半ば身を
起こし，すべすべしているが，まだ平べったいお腹を見下ろ
しながら，小さいドラムのように，威圧するビートを感じて
いた。彼女は，以前に経験したものとはまるでちがう，<u>新し
い生命からのこのような強い要求が何か，**探ろうともしない
で**，一日中，その動きに身をまかせていた。</u>

解説　keep oneself on the move は「（［忙しく］自分を動かし続けてい
る→）動き続けている」

so as to ～ は『目的』を表わす不定詞で「～するために」　したがっ
て so as not to ～ は「～しないように」という『否定の目的』を表わ
す。

　　　He walked quietly *so as not to* wake the baby.
　　　　〔= ... *so that* he *would not* wake the baby.〕
　　　　　　（彼は赤ん坊を起こさないようにそっと歩いた）

●下線部は次のようになる。

　　「新しい生命からのこのような強い要求を感じないようにするた
　　めに，一日中からだを動かしていた」

〔**77**〕　She saw her as malleable and green. <u>And also, to do
her justice, as a lost sheep who might be brought to the
Nunchester fold.</u>

　　　彼女は彼女を従順で初心（うぶ）な人間と見ていた。そしてまた，
　　　自分に正義を行わしめるために，このナンチェスターの谷間（たにあい）
　　　につかわされた迷える子羊だと。

解説　"彼女"（She）はナンチェスターにある教会の狂信的な信者であり，
相手かまわず人に入信をすすめる女性である。fold は羊を入れる「おり，
囲い」であるが，ここでは「迷える羊」である人間を迎え入れる教会の
ことを比喩的にこう言ったのである。

● do ～ justice, do justice to ～ は慣用表現で「（～に対して正義を

行う→）〜を正当に扱う，〜を公平に評価する」の意を表わす。これが独立不定詞として to do 〜 justice の形でよく用いられるが，ふつう「〜を公平に扱えば，公平に言うと」などと訳される。したがって下線部も次のように訳される。

> 「そしてまた，**公平に言って**，ナンチェスターの牧舎に連れてくることができるかもしれない迷える羊として（見ていた）」

● do 〜 justice は，人間以外のものを対象とすることも多く，上のような訳し方だけでは処理できない。

> This picture does not *do* her *justice.*
>
> （彼女のこの写真は写りがよくない）
>
> The cake she made was lovely but I couldn't *do justice to* it because I was so full.
>
> （彼女が作ったケーキはおいしそうだったが，おなかがいっぱいだったので，十分に食べることができなかった）

〈14〉 分　詞

〔**78**〕　It seemed to the Millers that the Stones lived a fuller and brighter life.　The Stones were always going out for dinner, or **entertaining** at home, or traveling about the country somewhere in connection with Jim's work.

> ミラー夫婦にはストーン夫婦は充実した楽しい生活を送っているように見えた。ストーン夫婦はよく食事に出かけてたし，家でも楽しそうだったし，ジムの仕事の関係で国中を旅行したりもしていたのだ。

解説　現在分詞の中には，すでに形容詞化しているものがたくさんある。interesting, surprising などがその例であるが，文中において 〜ing が ① 動詞 として用いられているのか，② 形容詞 として用いられているのか，正しく区別されなければならない。

① It is **becoming** warmer day by day.

　　（日ごとに暖くなってきた）

② The hat isn't **becoming** to you.

　　（その帽子はあなたに似合わない）

　① では become が「〜になる」の意の動詞として進行形で用いられているが，② では becoming が「似合った」の意の形容詞として用いられている。

● **entertaining** も二通りに用いられる。

① He is *entertaining* a guest.

　　（彼は客をもてなしている）

② He is most *entertaining*.

　　（彼はとても楽しい人だ）

　①は「もてなす，歓待する」の意の動詞としての進行形であるが，②では「楽しい，人を楽しませる，おもしろい」の意の形容詞として用いられている。

● 下線部の entertaining も，翻訳文では形容詞に解した訳が与えられているが，正しくは，「人をもてなす」の意の動詞の進行形である。すなわち下線部は，

　　「ストーン夫妻はしょっちゅう食事に出かけたり，家で**客をもてなしたり**，……」

の意である。

● 次のような場合，② の be 〜ing は動詞の進行形ではなく，〜ing は形容詞として用いられている。

　　① They **deserve** praise.

　　② = They are **deserving** of praise.

　　　　（彼らは称賛に値する）〔deserving = worthy〕

　　① He **lacks** courage.

　　② = He is **lacking** in courage.

　　　　（彼は勇気に欠けている）〔lacking = deficient, wanting〕

〈15〉 動名詞

---

〔79〕 It was fixed there in her mind and **there was no fighting** it.

母親の気持ちは，もうすっかり決心がついていて，死に逆らう意志などは少しもなかった。

解説 母親はもう自分は回復不能と思いこんでいて，いくら言ってもこの気持ちを動かすことはできない。

● **There is no ～ing** は決まった言い方で，「～するのは不可能だ」の意を表わす。

There is no denying the fact.

〔= *It is impossible to deny* the fact. ／ *You cannot deny* the fact.〕

（事実を否定することはできない）

There is no accounting for tastes.

（趣味は説明することはできない／たで食う虫も好きずき）

●囲みの英文は次のようなことを述べている。

「彼女は死を心に決めていて，その気持ちにあらがうことはできなかった」

〈16〉 関係代名詞

---

〔80〕 It is commonly said nowadays that the Englishman is the most sentimental person on earth, but the speed **with which** the horsecab was cast aside for the taxicab hardly bears this out.

　　　英国人はこの世で最も感傷的な人間だと今日では一般に言
　われている。しかし，辻馬車が廃止されてタクシーがこれに
　代ったのはスピードのためだとのことであるが，これは確証
　し難いことである。

解説　the speed *with which* ... で which の先行詞は speed なので，**with speed** と置き換えて，関係代名詞で結びつける前の形の文をつくってみると次のようになる。

　　　The horsecab was cast aside for the taxicab *with speed*.
　　　　（馬車は迅速に廃止されてタクシーにとって代わられた）
　　　　〔with speed = speedily（速く）〕

　bear out は「証明する」，**this** は「英国人はこの世で最も感傷的な人間であること」　この文脈での感傷性は「長いあいだなじんできたものに対する愛着を容易に断ち切ることができないこと」といった意味合いを含む。

●下線部の直訳は「タクシーをとり入れるために馬車が廃止された速さは，とてもこのことを証明しない」であるが，一般的にまとめておけば，

　　　「さっさと馬車を捨ててタクシーに切り替えたことは，とうてい
　　　このことを証明するものではない」

●同様の with which を含む典型的な例を加えておく。

　　　I was surprised at *the ease* **with which** he solved the problem.
　　　　（私は〔彼がその問題を解いた容易さに→〕彼がいとも容易
　　　　にその問題を解いたのに驚いた）
　　　　〔he solved the problem *with ease* の，with ease という前置
　　　　詞句が with which となって関係詞節を導く。with ease =
　　　　easily（容易に）〕

〈17〉　疑問文

〔**81**〕　"Well, <u>isn't that just wonderful</u>," I say and she seems to agree that yes it is wonderful.

　　　「ほほう。それは喜ばしいことではありませんな」と私は言うが，フロントの娘はそれを喜ばしいことと思っているようだ。

解説　疑問文の形をしていても，相手に答えを求めるのではなく，反語的に自分の気持ちを強く述べる文があって，ふつう修辞疑問（Rhetorical Question）と呼ばれる。

　肯定形の修辞疑問は否定の平叙文の意味を表わし，否定形の修辞疑問は肯定の平叙文の意味を表わす。

　　　Who knows?　（だれが知ろうか）　〔= Nobody knows.〕

　　　Who doesn't know?　（知らぬ者がいようか）

　　　　　　　　　　　　　　　　　〔= Everybody knows.〕

　　　Does it matter?　（かまうものか）　〔= It doesn't matter.〕

　　　Isn't it lovely today?　（すばらしい天気じゃありませんか）

　　　　　　　　　　　　　　　　　〔= It's very lovely today.〕

●下線部は，この最後の例と同形の文である。下線部以外も合わせて訳しておけば，

　　　「『ほほう，<u>それはまことにすばらしいことですな</u>』と私が言うと，彼女は，そのとおりすばらしいことですと同意するかのようにみえる」

〔**82**〕　'**Who are they to** tell us how to run our lives?　And, oh,' he said.

　　　「こんな<u>生き方をしろと命令するのは</u>**一体どんな野郎ども**

> **なんだ?** ああ，全く」と，彼はいった。

解説　Who is he to ～? は「～するなんて彼はいったい何様なのか，何の権限があって彼は～するのか」の意を表わす。

> *Who is she to* order me to do this?
>
> 　　（こんなことをするように私に命令するなんて彼女はいったい何様なのか）
>
> *Who are we to* criticize them when we do the same thing ourselves?
>
> 　　（自分が同じことをしていながら彼らを批判する権利などわれわれにはない）

●下線部の訳例：

> 「われわれにどんな生き方をしろと指図する**なんて彼らはいったい何様のつもりだ**」

〈18〉　強調構文

> 〔83〕　It was then I think that I really fell in love with him.
> 　　<u>その頃だった，私がほんとうに彼を恋していたと思ったのは。</u>

解説　It is ～ that ...（…なのは～だ）の強調構文。I think は挿入的な要素であり，かっこに入れたつもりで構文を考えればよい。「思うに，たぶん」といった訳が当たる。

強調関係の正誤を対比してみる。

　〔誤〕　私が彼を恋していたと<u>思ったのは</u>そのころだった。

　〔正〕　思うに私が彼に<u>恋したのは</u>その時だった。

●訳例：

> 「私がほんとうに彼を愛するようになったのはたぶんその時だった」

〈19〉 文の種類

〔84〕 "Don't **you** run yourself down, too."

「あなたも自分自身を突きつめて考えてみないのね？」

解説 自分がすばらしい人間だと思われていることを聞かされて，「それは初耳だな，たぶん誤解だよ」と謙遜する男性に対して，相手の女性が返す言葉である。

Don't you で始まっているので疑問文と解されているが，命令文にも強意的に you を用いることがある。

Don't you ever do such a thing again.

（二度とこんなことをするんじゃないぞ）

●囲みの文も同様の命令文である。

「あなたも自分のこと卑下しちゃだめよ」

〈20〉 慣用表現

〔85〕 They were surprised when very occasionally their reactions to the people and ideas they had to deal with in the course of the production <u>differed at all</u>.

その上演プロデュースの仕事の過程で接する人々やアイデアに対する二人の反応が，ほんのときたま**ぜんぜん異なった**ときにはかえってびっくりしたくらいなのだった。

解説 戯曲家と演出家は，その台本を長いあいだにわたって検討し尽くし，この戯曲はすでに二人の共有財産のようになっていた。

問題の箇所を短く示しておけば，

　　　when their reactions *differed at all*

　　　　「二人の反応が<u>ぜんぜん異なった</u>ときには」

● at all は，否定文では「少しも（〜ない）」という訳し方は決まって
　いる。

　　しかし，疑問文・条件文・肯定文では「少しでも」という意味を基
　本として，「いったい，とにかく，どうせ，まさか，そもそも」など
　といったいろいろな訳が文脈に合わせて用いられる。

　　　She doesn't love you *at all*.

　　　　（彼女は君のことなんか<u>全然</u>愛していない）

　　　Do you believe me *at all*?

　　　　（<u>いったい</u>君は僕のことを信じているのかね）

　　　If you do it *at all*, do it thoroughly.

　　　　（<u>どうせ</u>やるからには，徹底的にやれ）

　　　I was surprised that she came *at all*.

　　　　（<u>まさか</u>と思っていた彼女が来て驚いた）

●囲み文の下線部の訳例：

　　　「（二人の反応が）<u>**少しでも異なった**</u>（ときには）」

---

〔86〕 Counting the former population, <u>unrecognizable **now**</u>
that <u>they live in comfort</u>, more than 10,000 people owe
their happiness to Elzéard Bouffier.

　　　以前の住民たちが安楽に暮らしている**かどうか**，**今は**わか
　　　りませんが，それも数に入れれば1万人以上の人々がエルゼ
　　　アール・ブッフィエのおかげで幸せに生活しているのです。

解説　以前から住んでいた人々は当初貧しかったが，今では安楽な暮らし
ができるようになり，その後住みつくようになって安楽に暮らしている
人々と，もう区別がつかなくなっている。

● now that 〜 は「〔今は，もう〕〜なので」という『理由』を表わす
　接続詞であり，*now that* they live in comfort は「彼らは安楽に暮ら
　しているので」の意を表わす。**unrecognizable** は「〔あとから住むよ

うになった人たちと〕見分けがつかない」の意で, *who are* unrecognizable と補うことができる。

● 下線部を含む前半を訳すと,

> 「元から住んでいる人々 ―― **今は**安楽に暮らしているので<u>区別</u>
> <u>はつかないが</u> ―― も数に入れれば」

● now that は文頭に置かれることも多い。

> **Now that** the rain has stopped, we'd better go.
> （雨がやんだので, 出かけたほうがいいだろう）

● また now と that が並んでも, 『理由』とはまったく別の意味を表わすこともある。

> I wish you were here **now that** I might thank you in person.
> （あなたに直接お礼が<u>できるように</u>, <u>今</u>ここにあなたがおいでになればいいのにと思います）

　＊ that (= so that)（～できるように）は目的の副詞節を導く接続詞。

〔**87**〕　What is not quite so well recognized is the fact that <u>these different national characteristics become even more</u> <u>marked during sexual, **as opposed to** merely social, inter-</u> <u>course.</u>

> おぼろげにしかわかっていないのは, <u>こういった異なる固</u> <u>有の特徴は, 社交**とは正反対の**性交において</u>, より顕著になるという事実である。

解説　sexual, **as opposed to** merely social, intercourse は, sexual と social が intercourse（交際）を共通に修飾する『共通構文』の形をとっているが, 共通関係をはずせば, sexual *intercourse*, **as opposed to** merely social *intercourse* という形になる。

● *A*, **as opposed to** *B* は, 翻訳文のように「B とは正反対の A」という意味を表わすのではない。

　これは, A という語［句］（ここでは sexual intercourse）を用いるときに「これは B という語［句］（ここでは social intercourse）と

対照的に用いているのだが」というふうに，Aの対照語・対比物を示すことによって，その文脈におけるAの意味をはっきりさせる言い方である。

　　　He tried to explain the nature of culture, **as opposed to** civilization.

　　　　　（彼は［文明に対する文化の本質を→］文明に対して文化とは何であるかを説明しようとした）

●この下線部では，「性交」という言葉は単なる「社交」と対比・区別して用いているのだが，という意味を表わしている。

　　「こういった異なる民族的特徴は，ふつうの社交**とは区別されるものとしての**性交においてさらにいっそう顕著なものとなる」

〈21〉　挿　入

〔88〕　It was of his mother that Arveyda thought the first he met Zedé. <u>That small, sad, Indian-looking woman so proud, Carlotta had told him, to be Spanish.</u>

　　　　はじめてゼデに会ったとき，アルヴェイダは自分の母親のことを思った。<u>小さくて，悲しそうな，インディアンのような顔つきの，その誇り高い人は，カーロッタによれば，スペイン人だという。</u>

解説　ゼデはスペイン系の南米人の女性。カーロッタはその娘で，アルヴェイダと結婚する。

　　コンマで区切られた Carlotta had told him は挿入要素なので，so proud ... to be Spanish（スペイン人であることを非常に誇りに思っている）と続く。

　　proud は次のような三通りの形で用いられる。

　　I'm proud *of being your friend.*

　　I'm proud *to be your friend.*

I'm proud *that I am your friend.*
　　（私はあなたの友人であることを誇りに思っている）

● 下線部をそのまま「あの小さくて…女性」と訳すと，訳文では前の文とのつながりがあいまいになってしまうので，その部分は訳文本位に改めて，まとめておく。

> 「ゼデは，小さくて，悲しそうな，インディアンのような顔つきの —— カーロッタによれば —— スペイン人であることをとても誇りに思っている女性であった」

〈22〉 共通構文

---

〔89〕 I had a sudden dislike for him, which surprised me, given <u>his great personal, or more precisely his great impersonal, beauty</u>, a male characteristic I tend to value, and his very cool, very still, very uninterested manner, which I value even more.

> わたしは突然，ロドリゲスに嫌悪感を抱いた。<u>彼の偉大なる人間性，もっと正確に言えば偉大なる非人間性，美しい容姿</u>，わたしがつい価値を認めがちな男っぽい性格，恐ろしく冷静なところ，これまたもっと価値を認めがちな，恐ろしく無関心な態度といったものを考慮すると，これはわれながら驚きだった。

解説 given ～「～を考えれば」 personal「身体の，容姿の」 personal beauty「容姿の美しさ」 more precisely「もっと正確に言えば」 impersonal「非身体的な，容姿と関係のない」 male characteristic「男性［として］の特質」 tend to ～「～する傾向がある」 value「高く評価する，重んじる」

● 下線部は，一つの語（beauty）を二つの語句（his great personal と his great impersonal）が共通に修飾する『共通構文』の形をとって

いるが，共通関係をはずせば次のようになる。

> his great personal *beauty*, or more precisely his great imper-
> sonal *beauty*

- impersonal は，前の personal のこの文脈での意味（身体の，容姿の）
を im- で打ち消した意味「身体的でない」に解せられる。

　下線部の訳例：

> 「彼の容姿の —— あるいはさらに正確に言えば，容姿とは関係
> のない —— すばらしい美しさ」

- 下線部の前の given ～ は，given が前置詞的に用いられた場合で，
considering ～（～を考慮すれば）に近い意味を表わす。

　その目的語になる要素を確認しておけば，

$$given \begin{cases} his \sim beauty & （彼の美しさ） \\ a\ male\ characteristic & （男性的な気質） \\ his \sim manner & （彼の物腰） \end{cases}$$

の三つである。

　given は接続詞的に用いられることもあるが，次は，前置詞的に用
いられた形と相互に言い換えられる典型的な例である。

> $\begin{cases} \textbf{Given} \text{ his inexperience, he has done a good job.} \\ \textbf{Given} \text{ (that) he's inexperienced, he has done a good job.} \end{cases}$
> （彼の未熟さを考えれば，なかなかよくやった）

〈23〉　構　文

〔**90**〕　The whole business was too complicated for me; <u>the
truth seemed somewhere during the intervening months
to have lost itself forever</u>.

　　　すべて，わたしにとってはあまりにも複雑すぎた。**何もか
もわからなくしてしまうには，もうすこし中をとった数の月
にしておくべきだったような気がした。**

解説　「赤ちゃんはいくつ？」と聞かれて「十一カ月なの」と適当に答えたが，実はこの子の父親がだれかといったことについても，私には確定できない。

● the intervening months は「介在する（経過した）日月（年月）」の意。

　　翻訳文は to have lost itself forever が「何もかもわからなくしてしまうには」と訳されていて，不定詞の用法の解釈がこの誤訳の原因になっていることがわかる。

　　この完了形の不定詞は seemed ... to have lost itself forever（永久にそれ自身を失ってしまったようにみえた）とつながる。

●囲み文の下線部は次のようなことを述べている。

　　「真実は，年月が経過するあいだに，どこかで永遠に**失われてしまった**ように思われた」

〔**91**〕 He follows the sound of voices down onto Market Street. In the square, vendors arrange stalls of plants and secondhand books. **A man** wearing a placard **reads** from the book of Revelation, while **his wife**, standing silently by, **passes** literature to those who will take it.

　　声のするほうに歩いていくとマーケット・ストリートに出る。広場では植木や古本の置かれた屋台を商人たちが並べている。黙示録の言葉を書いたプラカードを持っている**男が**，かたわらに黙って立つ妻を従え，受けとってくれそうな人に**パンフレットを手渡している**。

解説　翻訳文では，この文の主要素は A man（S）... passes（V）（男が手渡している）と解されている。

　　正しくは A man（S）... reads（V），while his wife（S）... passes（V）（男が読み，妻のほうは手渡す）である。

●したがって，下線部の訳は次のようになる。

　　「プラカードを身につけた**男が**黙示録の言葉を**読み**，妻のほうは，

だまってそばに立って，受け取ってくれる人にビラを**手渡して
いる**」

〔**92**〕　Glaring problems remain, such as <u>urban violence **and**
<u>the concentration of income **and** land ownership in rela-
tively few hands</u>.

　　　まぎれもなくひどい問題はなんら解決されていない。それ
　　は，都市暴力や所得の集中，さらには比較的少数の手に握ら
　　れている土地所有の問題だ。

解説　翻訳文では，二つの and で結ばれた三つの要素を，対等のものと
してそのまま並べてつないでいる。
　　　　　urban violence　（都市暴力）
　　　and the concentration of income　（所得の集中）
　　　and land ownership in relatively few hands
　　　　　　　　（比較的少数の手に握られている土地所有）
　すなわち，「問題」の数は A and B and C の形で示された三つという
ことになる。〔ふつうは三つの要素を並べるときは，$A, B[,]$ and C の
形をとる〕
●しかし，正しくは，「問題」の数は A and B の形で示された二つ。
　　　　　urban violence　（都市暴力）
　　　and the concentration of income **and** land ownership in relatively
　　　few hands
　　　　　　　（所得と土地所有が比較的少数の手に集中していること）
　＊ **the concentration of ～ in ...** の例：
　　　... the heavy *concentration of* population *in* large cities
　　　　　（人口が大都市にひどく集中していること／人口の大都市へ
　　　　　の過度の集中）
●下線部の訳例：
　　　「都市暴力の問題と，所得と土地所有が比較的少数者の手に集中
　　　するという問題」

〔**93**〕 "What did they say about me?"

"Just that you did his first play. <u>Pick up a copy of the paper and read it yourself</u>. Do you have his address? I'd like to send a cable to his family"

> 「おれのことをどう書いてあった？」
>
> 「きみが彼の処女戯曲を上演したと。<u>草稿を発見し，みずから目を通した，と</u>。彼の住所を知っとるかね？　遺族に弔電を打ちたいんだが」

解説　二人の共通の知人である演出家の死亡記事に「君のことも書いてあったよ」と聞かされて。

　記事の内容は you did his first play だけであって，Pick up a copy of the paper and read it yourself は，聞かれたほうが相手に言った言葉。

●下線部の訳例：

　　「新聞を手にとって，自分で読んでみろよ」

〈24〉　オノマトペ（擬音語・擬態語）

〔**94**〕 I swung into the foyer, jammed my finger against the bell button for 2-C and left it there. No response. <u>I **rattled** the door</u> ── latched tight ── and then began jabbing buttons on all the other mailboxes.

> わたしは玄関に突進し，インターコムの 2-C のボタンを押しつづけた。反応なし。<u>ドアの取っ手を**ぐいぐい引く**</u> ── しっかり施錠されている ── ほかの郵便受けについているボタンを片っ端から押した。

解説　日本語では「音」や「様態」を生き生きと描写するために「擬音語」と「擬態語」がよく用いられる。両方とも「オノマトペ」と呼ばれ

るが,「擬音」と「擬態」は正しく区別されなければならない。

「**擬音語**」の例：「ごーん」,「ちくたく」,「ひゅーひゅー」

「**擬態語**」の例：「にっこり」,「だぶだぶ」,「ぐでんぐでん」

「擬音」と「擬態」の両方に用いられる表現の例：

    「猫が<u>ゴロゴロ</u>とのどを鳴らし」　　（擬音）
    「一日中<u>ごろごろ</u>と家で過ごす」　　（擬態）
    「せんべいを<u>ばりばり</u>と食べる」　　（擬音）
    「ひとりで<u>ばりばり</u>頑張っている」　（擬態）

● rattle は「音」を立てることを表わす語で,ドアについても典型的によく用いられる。

    Someone is **rattling** at the door.

        （だれかがドアを**がたがた**いわせている）

  囲み文下線部で翻訳文の「ぐいぐい」は,行為が連続して力強く行われる「様子」を表わす「擬態語」である。

●したがって,囲み文の下線部は次のような訳になる。

    「私はドアを**がたがた**揺すってみた」

● rattle はまた「窓」についてもよく用いられるが,その例を一つ：

    In our apartment the windowpanes **rattled** day and night.

                  ―― Isaac Singer: *Shosha*

      （私たちのアパートの窓ガラスは昼も夜も**ガタガタ**鳴った）

●「がたがた」は擬態語としても用いられるが,その場合の翻訳例を示しておく。

    ... he had begun to **shiver**.

          ―― Kingsley Amis: *The Riverside Villas Murder*

    （寒くて体が**ガタガタ**震えてきた…）

    Shivering, I stood there ...

             ―― Margaret Drabble: *The Millstone*

    （**がたがた**ふるえながら,私は突っ立って…）

  shiver は tremble の類義語で,「ぶるぶる」という擬態語を用いて訳すことが多い。

〔**95**〕　The victim let out a howl that **rattled** every test tube in the lab.

　　　　その犠牲者はひと声唸ると，研究室の試験管という試験管を全部**ガチャンガチャン**と**割ってしまった**のだ。

解説　前例と同じ rattle の例である。ここでは「ガチャンガチャン」と訳されており「擬音語」として正しく解釈されているが，「割ってしまった」というのは不適切である。

　非常に大きな声や音について，たとえば「割れるような大歓声」などと言うが，ここでは「わめく大きな声（howl〔haul〕）」が実験室じゅうの試験管を「ガタガタ（カタカタ）」と揺れさせるほどのものであることを述べており，試験管が実際に「ガチャンガチャン」と割れてしまったわけではない。

●この英文をそのまま訳せば次のようになる。

　　「被害者は，実験室の中の試験管をすべて**ガタガタ**と揺れさせるほど大きなわめき声をあげた」

●オノマトペ訳が用いられる語は，動詞・形容詞・副詞・名詞などであり，場合によってはオノマトペ訳が英文のどの語句に対応するのか特定しにくいこともある。

　　〈動詞〉　　smile　　　にっこり（にこにこ）笑う
　　　　　　　　grin　　　　にやにや（にやりと）笑う
　　　　　　　＊両語とも名詞としても用いられ，（特に grin は）いろいろな形のオノマトペが用いられる。
　　〈形容詞〉　bright　　　きらきら光る
　　　　　　　　smooth　　　すべすべした
　　〈副詞〉　　slowly　　　のろのろと
　　　　　　　　nervously　びくびく（そわそわ）しながら
　　〈名詞〉　　clink　　　　ちりん（かちん）という音
　　　　　　　　thud　　　　どしん（どさり，どさっ）という音
　　〈特定しにくい例〉　　**with money in my pocket**　ふところは**ぽかぽか**あったまって

〔96〕 This story tickled John Wesley's funny bone and he **giggled and giggled**, but June Star didn't think it was any good.

> この話はジョン・ウェズリーの笑いの虫を刺激して，彼は**げらげら笑い続けた**。だが，ジューン・スターはすこしもおもしろがらない。

解説 「笑う」は，声を立てる場合と立てない場合があるが，声を立てる場合の代表語は laugh であり，声を立てない笑いの代表語は smile である。giggle は声を立てる笑い方の一つであるが，対応するオノマトペは「くすくす」であって，「げらげら」のほうは guffaw である。

●この文を含む原作は，他の訳者による翻訳もあり，そちらのほうでは，正しく次のように訳されている。

> 「この話はジョン・ウエズレィに受けて彼は**クスクス，クスクス笑った**が，ジューン・スターはちょっとも面白くないと思った」

● tickle は「くすぐる」，funny bone は「ひじの先の尺骨の端；ユーモアのセンス」

● giggle に近い意味を表わす語に chuckle（くすくす笑う）があるが，これらを含め，「笑い」を表わす十語（laugh 系六語，smile 系四語）の笑い方を，p. 152 にまとめて区別してある。

●類似の誤訳例を一つ：

> Bill glanced at his watch and then looked all around. He said, "You do the talking. I'm rusty."
>
> Jerry **hooted** as he whipped the car around.
>
> （ビルは腕時計にちらりと目をやって，それからあたりをぐるっと見回した。「君がしゃべれよな。俺はここんとこそういうのやったことないからさ」
>
> ジェリーはからかうように**クックッと笑って**から，ぐいっと車の向きを変えた）

• hoot は「ぶーぶー鳴らす（やじる）」といった意味を表わし，最後の一文は次のような訳になる。

「ジェリーは警笛を<u>ぶうぶう鳴らして</u>，ぐるりと車の向き
を変えた」

---

〔97〕 I'd never seen him with his shirt off. He'd never gone
swimming with us, only **wading**, alone, disappearing down
Point Reyes Beach.

わたしはシャツを脱いだダニエルを一度も見たことがない。
わたしたちと一緒に泳ぐこともなく，ポイント・レイズ・
ビーチの遠くに消えて，一人で**ばしゃばしゃ水を浴びて**いる
だけだった。

解説　wade は「（あまり深くない水の中を）歩く，歩いて渡る」（= walk
in or through water）の意を表わし，「水を浴びる」の意とはまったく
無関係で，修飾語を伴ったりしないで単独に用いられた場合は，「ば
しゃばしゃ」というオノマトペとも無縁である。

She **waded** across the stream to get the ball.
（彼女はボールを取りに小川を<u>歩いて渡った</u>）

●「ばしゃばしゃ」と訳される代表的な語には **splash** があり，この語に
は，その他「ぱしゃっと，ぱちゃぱちゃ，ばちゃばちゃ」などのオノ
マトペが用いられる。

They **splashed** across the shallows.
（彼らは**ばしゃばしゃ**と浅瀬を渡った）

Children like to **splash** in the bath.
（子供は風呂でお湯を**ばしゃばしゃ**するのが好きだ）

●次に，「ばしゃばしゃ」というオノマトペが，翻訳で ① 上のように
水と関係して用いられた例と，② 水と関係なく用いられた例を，一
つずつ示しておく。

① He **splashed** through the puddle ...

—— Bobbie Ann Mason: *Love Life*

（彼は**ばしゃばしゃ**と水たまりを渡り…）

（亀井よし子）

② ... he keeps **banging** away with his cameras.
　　　　—— Robert James Waller: *The Bridges of Madison County*
　　（あの男は<u>バシャバシャ</u>写真を撮りつづけた）

　　　　　　　　　　　　　　　　　　　　　　　　　　（村松　潔）

参考　『副詞』とオノマトペ

　以上の例や，次の PART 5 の例を見ても，オノマトペの訳は英語の『動詞』に対して用いられることが多いことがわかり，pp. 142～146 にその主な例をまとめてある。それに反し，『副詞』に対してはオノマトペを用いて訳した例は翻訳でも少ない。次のようなものがその少ない例である。（表記は翻訳文のまま）

appreciatively	しみじみと（飲んでいる）
awkwardly	ぎくしゃくと（中央に歩み出て）
carefully	しげしげと（眺める）
closely	しげしげと（観察した），まじまじと（見た）
convulsively	わなわな（震えた）
crossly	ぶすっと（した声で言った）
fearfully	こわごわ（見回した）
firmly	ピシャリと（ドアが閉まる）
flabbily	ぶるんぶるんと（鞍の中で尻が跳ね上がった）
groggily	ふらふらと（立ち上り）
grudgingly	しぶしぶ（金を出す）
heavily	めちゃめちゃに（飲んでいて）
impatiently	じりじり（しながら）
loudly	バタンと（本を閉じ），どっと（笑った）
moodily	ぶすっと（言った）
nervily	びくっと（とびあがって）
nervously	おずおずと（手を差し出した），いらいら（しながら）
politely	おずおずと（切り出した）

quickly	さっと（手を出す），ぱっと（飛びおきた），はっと（息をのむ）
seriously	こんこんと（言い聞かせ）
shamelessly	しゃあしゃあと（思った）
sharply	きっとなって（見あげる）
slowly	のろのろと（作業を進める），のろのろした（口調で言う）（very slowly　そろりそろりと）
smugly	つんとして（言った）
steadily	じりじりと（負けて）
tentatively	おずおずと（近寄ってゆく）
uncomfortably	もぞもぞ（動いた）
vainly	とくとくと（顎を撫でた）
violently	おいおい（泣き出した），ゴシゴシと（こすり落とす）
warily	おずおずと（手をのばして）

PART 5

オノマトペ

― 擬音語・擬態語 ―

日本語の特技,
翻訳の妙技

オノマトペ

§1　英→和の訳でオノマトペが多用される語
§2　翻訳とオノマトペ
§3　詩歌とオノマトペ

　オノマトペには，独特の，生き生きとした描写力や味わいがあり，日常的な会話から，小説・詩歌といった各種の文学作品などにわたって，幅広く用いられている。

　翻訳においても，オノマトペは，描写性を高め訳文の魅力を増すための有効な技法としても用いられ，訳者によっては意識的に多用されることもある。

　前項で，オノマトペに関する「誤訳」の例を幾つか考えてみたが，このPart 5では，「誤訳」を離れて，オノマトペが実際にどのように使われ，それが文にどのように生彩を与えるか，英→和，和→英の翻訳に関わることなので，必要な事項を一通りまとめておく。

§1　英→和の訳でオノマトペが多用される語

　英語の単語が「音」や「様態」を表わす場合，オノマトペを用いることによって，その意味をより如実に伝えることができるものがある。

　品詞的には動詞の場合が多いが，特定のオノマトペが固定的によく用いられるものがあり，その代表的な例には次のようなものがある。

| 1 | **bang** | ばたん（どすん，ずどん）と音を立てる |
| 2 | **blink** | ぱちくりまばたきをする，ちかちか光る |

3	bob	ひょいと動く
4	bright	きらきら輝く，ぴかぴか光る
5	brood	くよくよ考える
6	bump	どしん（どすん，どん）とぶつかる
7	cackle	きゃっきゃっと笑う；(めんどりが) くわっくわっと鳴く
8	chuckle	くすくす笑う
9	clatter	がたがた（かたかた）音を立てる
10	cling	ぎゅっとしがみつく，ぺったり（ぴったり）くっつく
11	clink	ちりん（かちん）と音を立てる
12	complain	ぶつぶつ不平を言う
13	crackle	ぱちぱち（ぱりぱり）音を立てる
14	crawl	のろのろ進む
15	creak	きーきー音を立てる
16	crisp	ぱりっとした，ぱりぱりした
17	crumble	ぼろぼろになる（する）
18	crumple	くしゃくしゃにする
19	crunch	がりがり（ぽりぽり，ばりばり，ざくざく）音を立てる
20	crush	ぺちゃんこにする，くしゃくしゃにする
21	dangle	ぶらりと下がる，ぶらぶらさせる
22	daze	ぼうっとさせる
23	dizzy	くらくらする［ような］
24	duck	ひょいとかがむ（水に潜る，身をかわす）
25	exhausted	くたくたになって
26	flap	(羽を) ばたばた動かす
27	flash	ぴかっと光る，ぱっとひらめく
28	flicker	ちらちら揺れる（明滅する），ちらっと動く
29	flip	ぱらぱら（ページを）めくる，ぱっとはじく，ぴしっと打つ
30	flutter	ひらひらする（させる），(羽などを) ばたばた動かす
31	giggle	くすくす笑う，くっくっと笑う

32	glance	ちらりと見る
33	glisten	（濡れた状態で）きらきら光る
34	glitter	ぴかぴか光る，きらきら輝く，ぎらぎら光る
35	goggle	（目玉を）ぎょろぎょろさせる
36	grin	にやっと（にこっと，にやにや）笑う
37	groggy	ふらふらの
38	grumble	ぶつぶつ文句を言う；ごろごろと鳴る
39	hammer	どんどんたたく
40	heavy	ずっしりと重い，どっしりとした
41	hop	ぴょんと跳ぶ，ぴょんぴょんはねる，ひょいと跳ぶ
42	laugh	あはは（わはは）と笑う
43	limp	《動詞》（足を引きずって）よたよたと歩く
		《形容詞》ぐにゃぐにゃになった，だらりとした
44	loiter	ぶらぶら歩く，のろのろ進む，ぐずぐずやる
45	loose	だぶだぶの，ゆるゆるの
46	mad	かんかんに怒って
47	mumble	（不明瞭に）もぐもぐ言う，ぶつぶつつぶやく；もぐもぐかむ
48	murmur	（低い声で）ぶつぶつ言う，ぼそぼそ言う；さらさら流れる
49	nervous	いらいらして，びくびくして，そわそわして
50	nod	こくんとうなずく；こっくりする
51	pant	はあはあと息を弾ませる
52	pat	ぽんぽんと軽くたたく
53	patter	ぱたぱたと音を立て［て走］る
54	pop	ぽんと音を立てる；ひょいと動く
55	pound	どんどんたたく，（心臓が）どきどきする
56	purr	（猫が）のどをごろごろ鳴らす
57	radiant	きらきらと輝く
58	ramble	ぶらぶら歩く
59	rattle	がらがら（がたがた，じゃらじゃら）音を立てる
60	restless	そわそわした

61	roar	ごうごうと大きな音を立てる
62	roll	ぐるぐる回る；（目を）ぎょろぎょろさせる
63	rumble	（雷などが）ごろごろ鳴る，（腹が）ぐうぐう鳴る
64	scratch	ぽりぽり掻く
65	scream	きゃーと叫ぶ，きゃっきゃっと笑う
66	shamelessly	（恥じらうことなく）しゃあしゃあと
67	shimmer	ちらちら光る，ゆらゆら揺らめく
68	shudder	ぶるぶる震える，ぞっとする
69	slam	ばたんと閉める，ぴしゃりと閉める
70	slap	ぴしゃりとたたく
71	slip	つるっと滑る；そっと出る（入る）；するりと着る
72	smart	ずきずきする，ひりひり痛む
73	smile	にっこり笑う，にこにこする
74	smooth	すべすべした，つるんとした
75	snap	ぱちん（ぴしっ）と音を立てる；ぽきっと折れる
76	sneer	にやりと冷笑する
77	sniff	くんくんかぐ；（軽べつして鼻を）ふんと鳴らす
78	soak	びしょびしょにぬらす
79	sparkle	きらきらと輝く
80	squeak	きいきいきしむ；（ねずみなどが）ちゅうちゅう鳴く
81	squeeze	ぎゅっと握りしめる
82	stagger	よろよろ歩く，よたよた歩く
83	stare	じろじろ見る，じっと見つめる
84	sway	ゆらゆら揺れる，ふらふらする
85	swim	（頭が）ふらふらする，くらくらする
86	swing	ぶらぶらする（させる），ゆらゆらと揺れる（揺らす）
87	tap	こつこつたたく，とんとん打つ
88	thud	ずしん（どしん，どさり）と音を立てる
89	thump	ごつんと打つ，ずしんと置く，（心臓が）どきどきする
90	tick	（時計などが）かちかちと音を立てる

91	toss	ぽいと投げる，ぽんとほうる
92	totter	よろよろ（よちよち）歩く；ぐらぐらする
93	tremble	ぶるぶる震える
94	trot	とことこ歩く
95	trudge	とぼとぼと歩く
96	twitch	（体の一部を）ぴくっと動かす，ぴくぴく動く
97	waddle	（あひるのように）よたよた歩く，よちよち歩く
98	waver	ゆらゆらする；（光が）ちらちらする；ぐらぐら揺れる
99	whisper	ひそひそと話す；さらさらと音を立てる
100	worry	いらいらさせる，やきもきする，くよくよする

§2　翻訳とオノマトペ

〔1〕オノマトペが訳文で効果的に用いられた例

　翻訳においても，オノマトペは，生き生きとした描写性を高めたり，原文の味わいや調子を訳文に移したりするのにも役立つ一つの技法として用いられることも多い。ここでは，七人の著名な文筆家による翻訳から，オノマトペが多く用いられた部分を示してみる。

1　Nelson looked across the booth to Donna.　Then he took off the hat.　He seemed to be looking for something on the brim as he (1)**turned** the hat **around** in his big hands.　He made room for the hat on the table.　He looked up at Donna. He (2)**grinned** and (3)**squared** his shoulders.　He had to square his shoulders every few minutes.　It was like he was very tired of carrying them around. ...

　　Nelson raised the bottle and (4)**drank** some of his whiskey. He screwed the cap back on, laid the bottle on the table, and put his hat down on top of it. "Real good friends," he said.

　　Benny looked at me and (5)**rolled** his eyes. But he was drunk, too. "I got to get into shape," he said to me. He (6)**drank** RC from both of their glasses and then held the glasses under the table and poured whiskey. He put the bottle in his coat pocket.　　── Raymond Carver: *Vitamins*

　　　ネルソンはテーブルごしにじっとドナを見ていた。それから帽子をとった。彼はつばの上で何か捜しものをしているみたいに，大きな手の中で帽子を(1)**くるくる**とまわした。そしてテーブルの上のものをどかして，そこに帽子を置いた。彼は目をあげてドナを見た。彼は(2)**ニヤッ**と笑って，肩を(3)**キュッキュッ**と上げた。彼は何分かごとに肩を上げなければならないようだった。まるで肩を持ちはこんでいるのが疲れてしようがないといった風だった。…

　　　ネルソンはボトルを上にあげて，ウィスキーを(4)**くいくい**と飲んだ。それから瓶のふたをしめて，どんとテーブルの上に置き，その上に帽子をかぶせた。「大の仲良し」と彼は言った。

　　　ベニーは僕の方を向いて，(5)**くるくる**と目を回して目くばせした。でも彼もやはり酔っ払っていた。「いちおう格好だけはつけなくちゃ」と彼は僕に言った。彼は両方のグラスの RC を(6)**ぐいぐい**と飲み干し，空のグラスをテーブルの下に隠してウィスキーを注いだ。そしてボトルをコートのポケットに入れた。

　　　　　　　　　　　　　　　　　　　　　　　　　（村上春樹）

《注》　(2)の grin の定義は「歯を見せて笑う」で，オノマトペ的な訳としては「にこっと，にこにこ；にやりと，にやにや」などがよく用いられる。オノマトペを用いない訳としては，次のような例もある。

Percy Mannering remained **grinning** in his seat.
　　　　　　　　　　　　　　── Muriel Spark: *Memento Mori*
（パーシー・マナリングはあいかわらず歯をむきだして席につ

　　　いていた）　　　　　　　　　　　　　　　（永川玲二）

　訳者により，このような grinning も「にこにこして」，「にたにたして」ともよく訳されるが，訳文のニュアンスはかなり異なる。

　(5) **roll one's eyes** について英和辞典が示す典型的な訳は「目をぎょろぎょろさせる」，「目をくるくるさせる」，「目を白黒させる」などである。

2　　... when one afternoon, during the course of my grand-mother's stay, the plump youngish witch arrived to stiffen some linen, she seemed spellbound by the (1)**brilliant** bit of glass swinging from the thin chain around my grandmother's neck. Her ignorant moon eyes (2)**glowed** and that's a fact: they truly glowed. I now had no difficulty attracting her attention; she (3)**studied** me with an interest absent heretofore.
...

　　Softly, she said: "You got something on your mind?"
　　"Yes."
　　"Something you want done?　A favor?"
　　I nodded; she nodded, but her eyes shifted (4)**nervously**: she didn't want to be seen talking to me.
　　She said: "My boy will come.　He will tell you."
　　"When?"
　　But she said (5)**hush** and hurried out of the garden.　I watched her (6)**waddle** off into the dusk.
　　　　　　　　　　　—— Truman Capote: *Music for Chameleons*

　　　祖母の滞在中のある日の午後，ふくよかでやや若めの魔女が，リネン地の何かを糊づけしにやってきた折，祖母の首から細い鎖がぶら下がって揺れていた，(1)**キラキラ輝く**ガラス同然のものに見とれているように思われた。夫人の無知な眼は(2)**ギラギラと輝いた**が，これは誇張でもなく，実際に輝いたのだ。こうなればもう，夫人の注意をひくのはたやすいこと，それまでは毛程の関心も私に示さなかった夫人が，私のことを(3)**ジロジロ見だした**のである。…

　「何か言いたいことでもあるんでしょ」と，夫人は優しげに言った。
　「うん」
　「して欲しいことでもあるのかい。頼み事でも」
　私が頷くと夫人も頷き，しかしその眼は(4)**キョロキョロ**と落ち着かない。私に話しかけているのを見られたくなかったのだ。
　「あたしの息子が来るはずだから，息子と話をしておくれ」と，夫人。
　「い，いつですか」
と訊くのに，夫人は(5)**シーッ**と言い，踵を返して庭を抜け出てしまった。藤の木の暗闇の中へ(6)**よたよた**歩き去るのをただ私は見守った。
　　　　　　　　　　　　　　　　　　　　　　　　　（野坂昭如）

《注》　(6) の waddle は，あひるのような歩き方を言うが，walk を代表とする「歩く」を意味する語としては（pp. 142～146 のリストにも記したように）次のようなものがある。

limp　（足を引きずって歩く）
loiter　（ぶらぶら歩く）
ramble　（ぶらぶら歩く）
stagger　（よろよろ歩く）
totter　（よちよち歩く）
trot　（とことこ歩く）
trudge　（とぼとぼ歩く）

3　We were led into a large (1)**empty** room with a chandelier, and a desk —— a notice on the door said *Salle des Mariages*, and the mayor, a (2)**very old** man who looked like Clemenceau, wearing a blue and red ribbon of office, stood (3)**impatiently** by while the man in the collar read out our names and our birth-dates.　Then the mayor (4)**repeated** what sounded like a whole code of laws in rapid French ...
　　　　　　　　　　　　—— Graham Greene: *Loser Takes All*

　　　　(1)**がらんとした**大きな部屋へ通された。シャンデリアが一つ。
―― 扉には結婚式場と書いてある。市長は公職を示す青と赤
のリボンをつけた，クレマンソーによく似た(2)**よぼよぼ**の老人
で，カラーの男がぼくたちの姓名と生年月日を読みあげるあいだ，(3)**じりじり**しながら立っていた。

　　それから市長は，早口のフランス語で(4)**ぺらぺら**と暗誦した
のだが，それはまるで法典ぜんぶをやっているみたいな気がした。　　　　　　　　　　　　　　　　　　　　　　　（丸谷才一）

《注》(1) empty は，空腹感を表わして "I feel *empty*." と言えば「おなかがぺこぺこだ」というオノマトペが用いられる。

　　(3) impatiently には「いらいらして」というオノマトペも多用される。
〔注：一行目，「シャンデリア」の後に「と机」の訳し落としあり〕

4　　She (1)**poured** Matt a glass of wine and (2)paid **a lot of**
attention to him. He was the new boss. As she poured,
Maureen beamed her best summer smile.

"Take a sip. Do you like it?" she said.

"I tell you, Maureen, to me, wine is crushed grapes. What
I like best is that you don't have to spit out the seeds."

She (3)**laughed**, pretending that he meant this as an amusing remark. ...

Noonan joined them. One large shrimp was curved over
the edge of his wine glass. He dunked it in the wine and
(4)**ate** it.

"May I join the conversation?" he said.

"Cameron was just saying that it's supposed to be good
weather on the Fourth," Maureen said.

Across the lawn, Matt Smith choked while he was
(5)**laughing**.

A woman Maureen had never seen before patted him on
the back.

"You know where he got all his money?" Cameron Petrus said. "His great-great-grandfather or some ancestor of the great-great-grandfather invented the jump rope."

"The jump rope?" Noonan said.

"Wooden handles," Cameron Petrus said, spreading his arms as if he were about to conduct an orchestra.　He twirled his arms and (6)**jumped** on his toes.

—— Ann Beattie: *Love Always*

　　彼女はマットのためにグラスにワインを(1)<u>ざぶざぶ注ぎ</u>ながら，相手を(2)<u>まじまじ</u>とながめた。新ボスか。ワインを手にモリーンは夏一番の笑みを浮かべた。

　「飲んで。お気に召すかしら」

　「いやはや，モリーン。わたしにはワインは潰したぶどうでしかないんだ。ワインは好きさ，でもそれは，種をださなくてもいいからでね」

　彼女は，ご冗談でしょとばかりに，(3)<u>けらけら笑った</u>。…

　ヌーナンがきた。大きなシュリンプが一匹，ワイン・グラスのはしにのっかっている。それをワインにつけて，(4)<u>ぱくり</u>。

　「仲間にいれてもらえます？」とかれはいった。

　「キャメロンの話だとね，独立記念日はいい天気になるんですって」とモリーン。

　芝生の向こうで，マット・スミスが(5)<u>げらげら笑い</u>ながらむせている。モリーンの見たこともない女が彼の背中をたたいている。

　「やつの金の出所，知ってます？」とキャメロン・ペットラスがいった。「曾曾祖父か，曾曾祖父の先祖のだれだかが，縄跳びの縄を発明したんですよ」

　「縄跳びの縄？」とヌーナン。

　「木の握りをつけたんです」とキャメロン・ペットラスはいって，オーケストラを指揮するみたいに，腕をひろげた。手首をまわして，(6)<u>ぴょんぴょん跳んだ</u>。　　　　（青山　南）

《注》　laugh は英和辞典では一般に「（声を立てて）笑う」と定義されるが，翻訳では (3) の「けらけら笑う」，(5) の「げらげら笑う」のように，オノマトペを用いて目立つように着色されることが多い。

laugh に対し，「声を立てないで笑う」の代表語は smile（ほほえむ）であるが，ここで〔A〕「声を立てる笑い」と〔B〕「声を立てない笑い」を表わす語を一通りまとめておく。

〔A〕 **laugh** （笑う）

　　 chuckle （くすくす笑う）

　　 giggle （くすくす笑う）

　　 titter （くすくす笑う）

　　 guffaw （高笑いする，げらげら笑う）

　　 snicker《米》，**snigger**《英》（忍び笑いする）

〔B〕 **smile** （ほほえむ）

　　 grin （にこっと笑う）

　　 sneer （あざ笑う）

　　 smirk （にやにや笑う）

5　And there our conversation seemed to rest as I could not think how to continue it: the thought of marrying Roger was (1)pleasantly **exciting** and most unattractive, and I (2)**glanced** at his (3)**smooth** hands <u>with a kind of</u> (4)**horror**. His cheek to touch was always firm and (5)**taut** like a child's, and his teeth were very clean and even.

—— Margaret Drabble: *The Millstone*

　そのさき何を言ったらよいのかわたしがつまってしまったので，わたしたちの会話はここで切れてしまいそうになった。ロージャーと結婚するばあいを考えると，(1)**わくわく嬉しく**はあったがおよそ魅力などはなく，わたしは，(4)**ぞっとするよう**な気持で彼の(3)**すべすべした**手を(2)**ちらっと**見た。彼の頬の感触は，いつもひきしまって，子供のように(5)**ぴんとしている**し，歯はじつにきれいで，歯ならびがよかった。　（小野寺　健）

《注》　(2)の **glance** に関連して。「自然に目に入る」という意味での「見る」は see であるが，「意識的に目を向けて見る」の意での「見る」に

は次のような語があり，オノマトペがよく訳に用いられることもある。

watch （じっと見る，見守る）

glance （ちらりと見る）

glimpse （ちらりと見る）

gaze （じっと見る，凝視する）

stare （じろじろ見る，じっと見つめる）

glare （じろりと見る，にらみつける）

gape （［ぽかんと口を開けて］見つめる）

peer （［目をこらして］じっと見る）

peep （のぞき見する，こっそり見る）

peek （のぞき見する，ちょっとのぞく）

view （眺める）

6　It's their nerves which really drive me mad.　When did they start thinking they had to be nervous all the time?　Who told them?　Why, (1)**fidgety** fingers I find hardly less repulsive than (2)**warty** knuckles and rank nails.　(3)**Agitated** gestures seem to me a negligible improvement on misshapen or ill-assorted limbs. ...　Post-coital tears disgust me as thoroughly as do pre-menstrual pimples.　And the (4)**dreadful** things they (5)***say***.
　　　　　　　　　　　　　　　—— Martin Amis: *Success*

　　ぼくの頭をほんとうに狂わせるのは彼女らの神経だ。彼女らはのべつまくなしに神経質にしていなければならないなんていつ考えはじめたんだろうか？　だれに言われたのか？　まったく，(1)**もじもじそわそわする**指先を見ると，ぼくは(2)**ゴツゴツ**した拳や下品な爪を見る時と変わらないくらい嫌悪を覚える。(3)**そわそわ**したしぐさはぼくから見ると，不格好で取り合わせの悪いからだつきを無益に隠そうとしているだけだ。…　性交後の涙はメンス前の吹き出物と同じくらいひどくぼくに吐き気を催させる。それから，彼女らが(5)**おめおめ**と口に出す(4)**ぞっとす**るようなことがら。
　　　　　　　　　　　　　　　　　　　　　　　（大熊　栄）

《注》　これは "What's happening to you girls these days?"（あんたたち近ごろの女はどうなっているのか）という文の少しあとに続く文である。

- **Why** これは疑問詞ではなく間投詞であって，文脈により「あら，おや；そうだねえ，そうさなあ」などの意を表わす。
- **fidgety fingers I find** 〜 は I find fidgety fingers 〜 の倒置形。
- **hardly less repulsive than** 〜「〜とほとんど同じくらい嫌悪感を起こさせる」　hardly less ... than 〜 は「〜よりも…である程度がほとんど劣らない」
- **rank**「伸び放題の；不快な，下品な」
- **negligible**「無視できる程度の，取るに足りない」
- **improvement**「改善，改良（されたもの）」
- **misshapen or ill-assorted limbs**「不格好な，あるいは不調和な手足」limbs は arms and legs である。

(3) Agitated で始まる文の内容をまとめておけば，「興奮したしぐさは，格好の悪いまたは不細工な手足よりもちょっとましな程度のものでしかないように私には思われる」

●(5) 動詞の中には，たとえば chatter（ぺちゃくちゃ），chuckle（くすくす），glisten（きらきら）などのように，ほぼ決まったオノマトペ訳が施されるものも多いが，この say などはいわば無色であって，副詞などに修飾されない場合は特定のオノマトペ訳とは結びつかない。ここでは say がイタリック体になっているので，訳者の文脈的解釈に基づいて，潤色度の高い訳が用いられている。

同様の例として，単独ではふつう無色の意味を表わす動詞 sit にオノマトペを用いて訳した場合を見ておく：

They'll **sit** in their co-ops on Park and Fifth and East Seventy-second Street and Sutton Place, and they'll shiver with the violence of it and enjoy the show.

—— Tom Wolfe: *The Bonfire of the Vanities*

（パーク街，五番街，東七二丁目やサットン・プレイスあたりの高級アパートで<u>ぬくぬくと腰を落着け</u>て，テレビを見ながら暴力場面に体をぞくぞくさせ，ショーを楽しむ）

（中野圭二）

7　　Sethe took a little spit from the tip of her tongue with her forefinger.　Quickly, lightly she touched the stove.　Then she (1)**trailed her fingers** through the flour, parting, separating small hills and ridges of it, looking for mites.　Finding none, she (2)**poured** soda and salt into the crease of her folded hand and (3)**tossed** both into the flour.　Then … with her left hand (4)**sprinkling** water, she formed the dough.

"I had milk," she said.　"I was pregnant with Denver but I had milk for my baby girl.　I hadn't stopped nursing her when I sent her on ahead with Howard and Buglar."

Now she (5)**rolled** the dough **out** with a wooden pin.

—— Toni Morrison: *Beloved*

　　セスは舌の先で人差し指にちょっと唾をつけた。そしてすばやく，軽くかまどに触れてみた。それから小麦粉の中に(1)**スウーッと**，指を走らせて，いくつもの山や隆起に分けながら，虫がいないか確かめた。いないとわかると，すぼめた手のしわに重曹と塩を(2)**サッと**入れて，小麦粉に(3)**パッパッと**振りかけた。次に … 左手で(4)**パラパラと**水を振りかけ，彼女は生パンの塊をつくった。

　　「お乳が出てたわ」彼女は言った。「デンヴァーがお腹にいたけど，赤ん坊だった娘に飲ますお乳は出ていた。あの子をハワードやバグラーと先に逃がした時，まだ乳離れさせてなかったの」

　　今度は，こねた生パンの塊の上に木の麺棒を(5)**ころがしてグリグリ延ばした**。

（吉田迪子）

《注》　この例では，いずれも〈S + V + O〉の文型の他動詞にオノマトペ訳を用いているが，(1)～(4)は単独の動詞，(5)は副詞を伴う動詞句。

● 一般に，オノマトペ訳に対応する英語の主なものは，次のようにおおまかに分類できる。

　（A）　動　詞　［① 自動詞（S + V）　② 他動詞（S + V + O）］
　（B）　形容詞

（C）　副　　詞

（D）　名　　詞

（E）　その他　［対応する英語の語句がないか，対応語句を特定
　　　　　　　　できない場合］

　次に，それぞれ，典型的な例を一つずつ示す。

（A）　①　His knees **popped**.　　　　　　　—— Jahn Salter: *Big Ranch*

　　　　（膝が**ぱきん**と音を立てた）　　　　　　　　（沖本昌郎）

　　　　②　She smiled and **crumpled** her napkin.

　　　　　　　　　　　　　—— Misha Angrist: *So Much the Better*

　　　　（彼女は微笑んで，ナプキンを**くしゃくしゃと丸めた**）

　　　　　　　　　　　　　　　　　　　　　　　　（竹中晃実）

（B）　Like me growing **fat** and my hair falling out. ...

　　　　　　　　　　　　　—— Graham Greene: *Loser Takes All*

　　　　（あたしが**ぶくぶく**肥って，髪がぬけて…）　（丸谷才一）

（C）　She moves **quickly** and talks **fast**.

　　　　　　　　　　　　　—— Roxana Robinson: *The Face-Lift*

　　　　（**さっさ**と動き，**ぱっぱ**と喋る）　　　　（野間彩子）

（D）　She walked up the lane as delicately as a thief towards the
　　　　shimmer of the river, ...　　　—— P. D. James: *Original Sin*

　　　　（**ちらちら**光る川面めざして，… 泥棒のように足を忍ばせて
　　　　進んだ）　　　　　　　　　　　　　　　　（青木久恵）

（E）　The sight of so many people **talking at once and saying such
　　　　different things** caused Lilia to break into ungovernable peals
　　　　of laughter.　　　—— E. M. Forster: *Where Angels Fear to Tread*

　　　　（こんなにたくさんの人が同時に**がやがや**としゃべっている
　　　　のを見て，リリアはこらえきれずに突然げらげら笑いだし
　　　　た）　　　　　　　　　　　　　　　　　　（中野康司）

〔2〕同一の英文を異なる訳者が訳した例

　英語の単語によっては固定的にオノマトペ訳が対応するものがあるが，また訳者によってオノマトペ訳を使用するかしないか，また，どのようなオノマトペを用いるか，など分かれるものも多い。

1　She could see it quite plainly through the glass, and she tried her best to climb up one of the legs of the table, but it was too (1)**slippery**; and when she had tired herself out with trying, the poor little thing sat down and (2)**cried**.
　　　　　　　── Lewis Carroll: *Alice's Adventures in Wonderland*

①　ガラス越しに鍵はありありと見えました。そこで一生けんめい，テーブルの脚のひとつによじのぼろうとしたのですが，(1)**えらくすべって**のぼれません。さんざん努めて疲れ果てると，かわいそうにアリスはすわりこんで(2)**わーっと泣き出し**ました。　　　　　　　　　　　　　（多田幸蔵）

②　ガラス越しに鍵ははっきり見えました。そこでテーブルの脚の一本につかまって一生懸命よじ登ろうとしましたが，(1)**つるつるすべって**とてもだめです。さんざんやってみて，とうとう疲れきってしまい，小さなアリスはそこにすわりこんで(2)**おいおいと泣き出し**ました。　　（福島正実）

③　ガラス越しにはっきり見えるから，テーブルの脚にしがみついて何とか登ろうとしたんだけれど，(1)**つるつる滑っちゃ**うんだ。いろいろやってみたけど，すっかりくたびれちゃって，この子ったら，ぺたーっとすわりこんで，(2)**しくしく泣き始めた**。　　　　　　　　　　　　　　　　　（北村太郎）

④　ガラスを通してはっきり見えるのだが，テーブルの脚にしがみついて懸命によじのぼろうとしても，(1)**つるつる滑って**とてもだめだった。さんざん試みてへとへとになり，かわい

そうに，彼女はそこへすわり込んで(2)<u>泣き出した</u>。

（柳瀬尚紀）

⑤　ガラス越しに，とてもはっきり見えてはいます。アリスは
がんばってテーブルの脚をよじのぼろうとしましたが，(1)**ツ
ルツル**でだめです。そしてがんばったあげくに疲れきって，
かわいそうなこの子は，すわって(2)<u>泣き出して</u>しまいました。

（山形浩生）

（翻訳文は，訳書の刊行年度の古い順に並べてある）

《注》　(1) の slippery に対する「つるつる，ツルツル」は英和辞典の代表
的な訳と一致する。

　(2) cry に対しては，英和辞典ではただ「泣く」であって，「おいおい
（しくしく）泣く」などを定義として示す辞書はない。laugh も，辞書
の定義はただ「笑う」であるが，翻訳では単独の laugh を「げらげら
（けらけら）笑う」などとする例がざらにあることは前に示したとおり
である。訳者の解釈により，オノマトペが辞書を離れて適宜用いられる
ことがわかる。

2　My heart (1)**beat thick**, my head (2)**grew hot**; a sound
(3)**filled** my ears, which I deemed the rushing of wings;
something seemed near me; I was oppressed, suffocated: en-
durance broke down; I rushed to the door and (4)**shook** the
lock in desperate effort.　──Charlotte Brontë: *Jane Eyre*

①　胸が(1)**どきどきし**て頭が(2)**熱してきた**。物音がわたしの耳
に(3)**がんがん響き**，はげしい羽ばたきのように聞こえた。何
かが近づいてくる。胸苦しくなり，息がつまりそうだった。
我慢しきれなくなった。わたしはドアに走りより，死にもの
ぐるいで錠を(4)<u>揺さぶった</u>。　　　（大久保康雄）

②　胸は(1)**どきどきし**頭は(2)**かっとなった**。物音が耳を(3)<u>ふさ
ぎ</u>，私はそれを翼のかける音のように思った。何かが私に近

づいてくるらしい。私は体を抑えつけられ，呼吸ができなく
なった。どうにも堪えられなくなって一散にドアへ走って死
物狂いで錠を(4)**ガタガタ**ゆすぶった。　　　　　　　（遠藤寿子）

③　心臓は(1)**ドキドキ**し，頭は(2)**カッ**とあつくなった。耳が
(3)**ガーンとなった**が，わたしはそれをどっと押しよせてくる
羽ばたきの音だと思った。何かがわたしに近寄ってきた。わ
たしは圧迫を感じ，息がつまりそうだった。どうにもこらえ
られなくなって，わたしは扉にかけより，必死になって錠を
(4)**ガタガタ**いわせた。　　　　　　　　　　　　　　（神山妙子）

④　胸が(1)**ドキドキ**し，頭が(2)**熱く**なってきた。何か耳が(3)**ガ
ン**とするような音がした。私はそれを翼の音と考えた。何か
が近くに来たようだ。私は苦しくて息がつまりそうになった。
とうとうこらえきれなくなって戸のところへ馳けていってや
けになって錠を(4)**ゆすった**。　　　　　　　　　　　（田部隆次）

⑤　(1)**どくどくと**鼓動が早まり，頭に(2)**かっと**血がのぼる。な
にかの音が耳に(3)**襲いかかる**。翼がはばたく音だった。何か
がこちらに近づいてくるらしい。息苦しくていまにも胸がつ
ぶれそうになり，私はついに耐えきれず —— 思わず悲鳴を
あげ —— 扉に駈けよって死に物狂いで錠前を(4)**ゆさぶった**。
　　　　　　　　　　　　　　　　　　　　　　　（小尾芙佐）

《**注**》　(1) beat thick に対するオノマトペは四つが一致するが，そのうち
　二つは「どきどき」，他の二つは「ドキドキ」と片仮名で強められてい
　る。「心臓がドキドキする」には beat よりも強意的に pound がよく用
　いられる。

　　　My head and heart were already **pounding**.
　　　　　　　　　　　　　　—— Steve Erickson: *Rubicon Beach*
　　　（こめかみと心臓が**ドキドキして**いた）　　　　　（島田雅彦）

　(3) の **filled my ears** は，ふつうはオノマトペ訳と結びつかない表現
であるが，ここでは「がんがん」，「ガーン」，「ガン」などが用いられ，
翻訳の，オノマトペに対する一般的な高い愛好度を示す例にもなってい
る。

3 In about half an hour I heard the bushes (1)**rustle**, and Bill (2)**wabbled out** into the little glade in front of the cave. Behind him was the kid, stepping　softly like a scout, with (3)**a broad grin** on his face.

—— O. Henry: *The Ransom of Red Chief*

①　半時間ばかりすると，灌木を(1)**がさがさ鳴らして**，ビルが洞窟の前の小さな空地へ，(2)**よろよろと出てきた**。うしろから，小僧が，顔じゅう(3)**くしゃくしゃにして笑い**ながら，斥候みたいに足音を忍ばせて歩いてきた。　　　　（大久保康雄）

②　小半時もしたころ，灌木が(1)**がさがさ鳴って**，ビルが洞窟のまん前の小さな空地のところに，(2)**よろよろと出てきた**。彼の後からは，坊主が顔中(3)**にやにや笑い**を浮かべて，斥候兵みたいに足音をしのばせて歩いてきた。　　　　（飯島淳秀）

③　半時間ほどしてから，灌木が(1)**がさごそ音を立て**たかと思うと，ビルが洞穴の前の小さな空地に(2)**よろめき出た**。子供は(3)**にやにや笑い**ながら，斥候のように足音を忍ばせて，後ろからついてきた。　　　　（大津栄一郎）

④　三十分もたったと思うころ，茂みの中で(1)**ガサガサする音**が聞こえ，洞穴の前のわずかな空地に(2)**よろよろと出てきた**のは，なんとビルさ。ビルの後ろからは，顔いっぱいに(3)**おかしそうな表情**を浮かべた小僧が，斥候のように足音を忍ばせて歩いてくる。　　　　（小鷹信光）

《注》（2）wabble は wobble のほうが一般的なつづりで，「ぐらぐらする，ふらふら揺れる，よろよろ進む，がくがくする」などのオノマトペが用いられる。

（3）grin はオノマトペの頻出語の一つで，「歯を見せる」ことを特徴とする「にこっと，にこにこ：にやっと，にやにや」といった笑い方を表わす。broad は，歯を左右に広く見せている状態を強調するが，訳文としてどのようにまとめるか，思案を要する表現である。

4　"Whatever have you been doing with yourself, Watson?" he asked in undisguised wonder, as we **rattled** through the crowded London streets. "You are as thin as a lath and as brown as a nut." —— Arthur Conan Doyle: *A Study in Scarlet*

① 「ワトスンさん，あなたいつたい何をやつているんです？」雑沓した街路を**がらがらはしる**馬車のなかで，スタンフォドは不思議さをかくそうともせず，まつこうから訊ねた。「からだは線香(せんこう)みたいに痩せてるくせに，顔や手は胡桃(くるみ)のように焦げてるじゃありませんか」　　　　　　　（延原　謙）

② 「ウォトスンさんは一体どんな生活をしていらっしゃるんですか」**ガタガタ**とロンドンの人ごみの中を揺られながら，スタンフォードはいかにも不思議そうにたずねた。「骨と皮だけになって，色もまっ黒じゃないですか」　（田中純蔵）

③ 「ワトスンさん，いったいどうなさっていらしたんですか？」馬車がロンドンの雑踏をかきわけて走りはじめると，スタンフォードは驚きの色を隠そうともせずにたずねた。「からだは針金のように痩せ細っているのに，顔や手は胡桃(くるみ)みたいに日焼けしているじゃありませんか」（鮎川信夫）

④ 「ワトスンさん，あなたはこのごろ何をしておられるのですか」馬車がロンドンの雑踏のなかを走りはじめると，スタンフォードはおどろきの色をかくそうともせず，私にたずねた。「からだは針金のように痩せているくせに，顔や手はくるみ色に日焼けしているじゃありませんか」　（阿部知二）

《注》　rattle はふつうオノマトペを用いて訳される語であり，③，④ のようにただ「走る」とすると，この語の個性は失われてしまう。車に関連して rattle が用いられた例を見ておく。

　　　A **rattling** Ford pickup truck stopped beside the darkened roadside sign. ... —— Russell Banks: *Lobster Night*

　　　（**がたがた**と音を立てて，フォードのピックアップトラック

　　　　が，灯りの消えた道ばたの看板の脇に停まった）

（沖本昌郎）

5 Kitty rubbed her face against his slippers and then (1)**turned onto her side**, but (2)**jumped up** quickly as Bill moved to the kitchen and selected one of the stacked cans from the (3)**gleaming** drainboard.

—— Raymond Carver: Neighbors

①キティはかれのスリッパに顔をすりよせて(1)<u>ごろりと横になった</u>が，すぐ(2)<u>ひょいと飛びあがった</u>。ビルは台所にまっすぐ進み，(3)<u>かがやく</u>食器棚の缶詰めの山からひとつを選んだ。

（青山　南）

②キティーは彼のスリッパに顔をこすりつけ，それから(1)<u>**ごろんと横になった**</u>。しかしビルが台所に行って(3)<u>**ぴかぴか**の水切り板</u>の上に積みあげてある缶の中からひとつを選んでいると(2)<u>**ぱっと飛びおきた**</u>。

（村上春樹）

《注》 (3) の **gleam** に対しては，英和辞典では「ほのかに（かすかに）光る，ちらちらする；きらりと光る，きらめく，光り輝く」などの訳が示され，英英辞典では shine softly, shine brightly などと定義されている。

　「輝く，光る」の意を表わす語は **shine** を代表語として，次のようなものがある。

flash	（ぴかっと光る）
flicker	（ちらちら明滅する）
glisten	（ちらちら光る）
glitter	（ぴかぴか光る）
shimmer	（ちらちら光る）
sparkle	（きらきらと輝く）

6 ... and his wife, she **holds her head up** so and always is spending so much money just for show, and so he can't take right care of us poor people any more.

—— Gertrude Stein: *Three Lives*

① あそこの女房はね，**ツンツンして**いて，見せびらかしにやたらと金を使うものだから，先生はもうわれわれ貧乏人を診ることができないんですよ。　　　　　　　（富岡多恵子）

② あの奥さんときたら**ツンとして**いつもこれみよがしにお金をどっさり使ってね，もうあの先生はわれわれ貧乏人を診ることもできませんよ。　　　　　　　　　　（落石八朋）

《注》 「つん」は高慢で，気取った，とり澄ました態度をとり，とっつきの悪い様子を表わす。「"つん"は高慢な感じだが，"つんつん"は高慢なだけでなく苛ついている感じ」（山口仲美『擬音・擬態語辞典』）という解説もある。

7 The children began to **yell and scream** that they wanted to see the house with the secret panel.

—— Flannery O'Connor: *A Good Man Is Hard to Find*

① 子供たちは**ぎゃあぎゃあわめき**だした。秘密の壁板のある家が見たいよー。　　　　　　　　　　　　　　　（横山貞子）

② 子供たちは秘密の羽目板のある家を見たいといって**どなり**，**叫び出し**た。　　　　　　　　　　　　　　　　（上野直蔵）

《注》 scream は「叫び声（悲鳴）をあげる」の意で，「きゃー」，「きゃっ」，「きゃーきゃー」，「きゃっきゃっ」などのオノマトペがよく用いられる。
　①では scream と yell（わめく，どなる）を並べた「叫び方」の感じをよりよく表わすために，「きゃあきゃあ」ではなく「ぎゃあぎゃあ」が用いられたものと考えられる。

〔3〕 オノマトペ訳がよく用いられる典型的な語の翻訳例 40

英和辞典の定義ではオノマトペ的な表現が示されていなくても，翻訳などでは好んでオノマトペ訳が用いられる語もある。その典型的な例に次のようなものがあるが，①〜㉕ は動詞，㉖〜㉘ は名詞，㉙〜㉝ は形容詞，㉞〜㊵ は副詞にかかわるものである。

1

Zee **bangs** the door,　　　　　―― Edna O'brien: *Zee & Co*
　ズィー，**バタン**とドアを閉める。　　　　　　（青木日出夫）

2

... this car pulls into the driveway and somebody gets out and **slams** the door.　　　　―― Raymond Carver: *Sacks*
　…玄関先に車が入ってきて，誰かが降り，ドアを**ばたん**と閉めた。
　　　　　　　　　　　　　　　　　　　　　　（村上春樹）

3

"You've been following me, too," I said.
"Following you?" He **laughed**.
　　　　　　　　　　　　　―― Susanna Moore: *In the Cut*
　「あなたもわたしを尾けてたのね」とわたしは言った。
　「尾けてた？」彼は**げらげら**と笑った。　　　　（川副智子）

4

He wanted to know how old I was ―― I said eighteen, though really I was three years younger. He **grinned** and said: "Well, I wouldn't want to corrupt the morals of a minor."
　　　　　　　　　　　　　―― Truman Capote: *Answered Prayers*
　彼は私がいくつか知りたがった。私は，十八歳だといった。本

当はそれより三歳若かったが。彼は**ニヤッと笑って**いった。「そうか。俺は未成年者のモラルを堕落させるつもりはないよ」

（川本三郎）

5 _____

... Johnnie, his eyes gleaming with joy, **chuckled and chuck-led**.　　　　　—— Steven Crane: *The Blue Hotel*

…ジョニーの方はよろこびに眼を輝やかせて，**クックッ笑い**つづけた。

（上野直蔵・松山信直）

6 _____

And after a horribly long stare Alison **burst out** laughing —— yes, laughing.

—— Carson McCullers: *Reflections in a Golden Eye*

そうやってかなり長いことじっと見つめていた挙句，アリソンは**わっと笑い出した** —— そうなのだ。笑い出したのだ。

（田辺五十鈴）

7 _____

He was so tormented by the other houseboys that he dogged her footsteps all day long. If anyone so much as looked at him he would **burst into tears** and wring his hands.

—— Carson McCullers: *Reflections in a Golden Eye*

彼は他の召使いの少年たちにひどくいじめられてばかりいたので，一日中彼女の後ばかりついて歩いていた。もしも誰かが彼を見つめるなんていうぐらいのことをしても，彼は**わっと泣きだし**て両手をもみしだくのだった。

（田辺五十鈴）

8 _____

And with that of course I swept out of the room and **clat-tered** down the stairs.　　　—— Martin Amis: *Success*

もちろんぼくはそう言った瞬間に部屋をサッと飛び出し，階段

を**ガタガタ**と駆け下りた。　　　　　　　　　　　　　　　（大熊　栄）

9

I opened my mouth but nothing came out. My knees were
clacking against each other like bowling pins, the road still
rolling under me, thunder in my ears.　　—— Dan Leone: *Family*
　　　口を開いたが，声が出なかった。両膝がボウリングのピンのよ
　　うに**カタカタ**ぶつかり合い，なおも床がぐらつき，耳の中では雷
　　が鳴り響いていた。　　　　　　　　　　　　　　　（新熊富美子）

10

The oculomotor nerve had been partially restored, and his
eyes now leapt, rather than **rolled**, but ...
　　　　　　　　　—— John Irving: *The World According to Garp*
　　　動眼神経は一部分が回復し，彼の眼も**くるくる回る**というより
　　は跳ねる感じになっていたが，…　　　　　　　　　　（筒井正明）

11

My mouth felt **very dry** now that the moment had come. I
couldn't find the bold frank words I wanted to use. I said,
"Well," and **goggled** across the desk.
　　　　　　　　　　　　　　—— Graham Greene: *Loser Takes All*
　　　いよいよ危機がおとずれた今，ぼくの唇は**からから**に乾いてい
　　た。ぼくの使いたい大胆率直な言葉がどうしても見つからないの
　　である。ぼくは「ええ」といって，眼を**ぎょろぎょろ**させ，デス
　　クのほうを見た。　　　　　　　　　　　　　　　　　（丸谷才一）

12

'Surely you oughtn't to feed it yet?' said Lucy, **staggering** to
her feet, straightening her **crumpled** skirt, running her fingers
through her short brown hair.
　　　　　　　　　　　　　　—— Margaret Drabble: *The Waterfall*

「まだ，あんたが乳を与えるのはいけないんじゃないかしら」
とルーシィはいい，**よろよろと立ち上がって**，**くしゃくしゃに
なった**スカートのしわをのばし，手で短い褐色の髪を整えた。

（鈴木建三）

13

And at the girl's side **trotting** obediently, most reassuring of
all, was a small black-and-white dog, bandy-legged.

—— P. D. James: Devices and Desires

女性の横を，がに股の，白黒の小型犬が温和しく**トコトコつい
てゆく**のが，何よりも安心感を与えた。　　　　（青木久恵）

14

As the Amtrak train **lumbered** through the Maryland sub-
urbs, David told me he had been hearing snippets of rumors
since the day before the Jones deposition.

—— Hillary R. Clinton: Living History

アムトラックの列車はメリーランド州郊外の住宅地を，**ガタゴ
ト**と音を立てて重そうに走っていた。デイヴィッドは，ジョーン
ズの宣誓証言書を提出した前日から，さまざまな噂を耳にしてい
る，といった。

（酒井洋子）

15

They resumed, Robarge **trudging**, the child leading, until
they were on the ridge of the hill.

—— Paul Theroux: World's End

そして再び二人は歩きはじめた。子供が先に立ち，ロバージは
ふうふう言いながらそれについて歩き，丘の背に着いた。

（村上春樹）

16

Holly, **swinging** her legs from the kitchen stool, lectures her mother on natural foods. Holly is ten.

—— Bobbie Ann Mason: Graveyard Day

　　ホリーが，台所のスツールに座って脚を<u>ぶらぶらさせながら</u>，母親に自然食品について講釈する。ホリーは十歳である。

（亀井よし子）

17　————————————————————————————

"What kind of dog?"
"A big one. Blond, with his tongue **hanging out**."

—— Bobbie Ann Mason: Love Life

　　「どんな犬だ？」
　　「大きいの。金色で，舌を<u>だらりと垂らし</u>ちゃって」

（亀井よし子）

18　————————————————————————————

Down he sat, and called for a bottle of wine; and at once he began to chatter and **snap** his fingers.

—— John Galsworthy: Compensation

　　彼はどかっと腰をおろすと，ぶどう酒を一杯くれといった。それから直ぐしゃべり出し，指をパチンパチンと鳴らし始めた。

（小川芳男）

19　————————————————————————————

She **crinkled up** her nose ...

—— Nathan Walpow: Push Comes to Shove

　　スーは鼻に<u>くしゃっと皺を寄せる</u>と…　　　　（市川美佐子）

20　————————————————————————————

'There are these baths. One place called the Dream Pool. You stretch out, and beautiful, knockout-type girls come and **scrub** you head to toe.'　　—— Truman Capote: In Cold Blood

　　「それにあの風呂ときたら。〝夢のプール〟と呼ばれているやつ

があってね。こっちが長々と横になってるてえと，腰を抜かすような別嬪がはいってきて，頭のてっぺんから足の先まで**ゴシゴシこすって**くれるんだな」　　　　　　　　　　　　　（龍口直太郎）

21 ───────────────────────────

He watches her **sniffing** him out, searching for the trace.
　　　　　── Michael Ondaatje: *The English Patient*
体を**くんくんかぎまわり**，証拠を捜そうとしている。
　　　　　　　　　　　　　　　　　　　　（土屋政雄）

22 ───────────────────────────

Mrs Kearney's anger bagan to **flutter** in her cheek ...
　　　　　── James Joyce: *Dubliners*
カーニー夫人は，怒りで頬を**ぴくぴくふるわした**…
　　　　　　　　　　　　　　　　　　　　（安藤一郎）

23 ───────────────────────────

'Does that upset you?'
A flicker of amusement **twitched** the fatness round her eyes.
　　　　　── Minette Walters: *The Sculptress*
「気になる？」
ぼってりした両のまぶたが，笑ったように，**ピクッと引きつった**。　　　　　　　　　　　　　　　　　（成川裕子）

24 ───────────────────────────

Anne Marie slid in, deftly, **ducking** her head, often chatty and still a little drunk.　　　── Michelle Wildgen: *Healer*
　アン・マリーは，器用に**ひょいと首を下げて**，からだをすべり込ませた。たいてい，まだほろ酔いで饒舌だった。　（三好玲子）

25 ───────────────────────────

The dishwasher sloshed quietly next to the sink, **tinkling**

the glasses and silverware inside and jiggling the plates.
—— Russell Banks: *Lobster Night*

　流しのとなりでは自動食器洗い機が，静かに水を浴びせかけな
がら，中のグラスや銀器を**がちゃがちゃ**いわせ，皿を小刻みに震
わせていた。　　　　　　　　　　　　　　　　　　（沖本昌郎）

26 ———————————————————————————

... the **squeal** startled me.　　　　—— Janet Desaulniers: *Age*
　ぎーっと軋む音に…びっくりした。　　　　　　　（村上博基）

27 ———————————————————————————

Cobb watched the feather loosen from the leaf and begin to
float away in the little **trickle** of water in the creek bed.
—— Bobbie Ann Mason: *Love Life*

　コブはアオカケスの羽根が木の葉から離れ，沢の底を**ちょろ
ちょろと流れる**水に乗って流されはじめるのを見つめていた。
（亀井よし子）

28 ———————————————————————————

Downstairs, Kathy kissed him on his ear.　The **smack** of it
caused a ringing in a horn in his head.
—— Paul Theroux: *World's End*

　階下で，キャシーは彼の耳にキスをした。**チュッ**という音が彼
の頭の中で鐘のように鳴り響いた。　　　　　　　　（村上春樹）

29 ———————————————————————————

She had a **plump** well rounded body, clear olive skin, bright
dark eyes and crisp black **curling** hair.
—— Gertrude Stein: *Three Lives*

　ふっくらとした丸い体格で，きれいな褐色の肌をし，パッチリ
した黒い目と，**硬くてクルクルした**黒い髪をしていた。
（落石八朋）

30

He felt **afraid** of her, and more deaf and clumsy than ever,
like a helpless orphan snatched into the dark.
—— Paul Theroux: *World's End*
　　彼は妻の前に出ると**びくびくして**，以前にも増して耳が遠くな
り，動作がぎこちなくなった。まるで襟首をひっつかまれて暗闇
の中に放り込まれた無力な孤児のように。　　　　（村上春樹）

31

Joe had a lantern-jawed, horsey face and a full head of thick,
shaggy dark-brown hair.　　—— Paul Rudnick: *I'll Take It*
　　ジョーは下あごが伸びた馬づらに，濃い茶色の**もじゃもじゃ**頭
をしている。　　　　　　　　　　　　　　　　（小川高義）

32

When he came, **all nervous** and rubbing his rookers on his
grazzy apron, we ordered us four veterans —— a veteran be-
ing rum and cherry brandy mixed, which was popular just
then, ...　　　　—— Anthony Burgess: *A Clockwork Orange*
　　ボーイのやつ，**そわそわがたがた**しながら，きたねえエプロン
でやけに手なんか拭きながらやって来たんで，おれたちベテラン
を四つ注文した —— ベテランってのは，そのころはやりの飲み
物で，ラムとチェリ・ブランデーをまぜたやつだ。(乾　信一郎)

33

It was <u>an old **beat-up** car</u> but it was a good one and these
boys looked all right to me.
—— Flannery O'connor: *A Good Man Is Hard to Find*
　　古い**ガタガタ**の自動車だったっけが，もともと良い車だし，そ
いつらもちゃんとした連中に見えたんでさ。　　（上野直蔵）

34

St. Clair smiled **briefly**.　　—— Frederic Forsyth: *No Comebacks*
シンクレアは**プッ**と笑った。　　　　　　　　（篠原　慎）

35

... Perfetta, her apron over her head, was weeping **violently**.
　　　　　　　　—— E. M. Forster: *Where Angels Fear to Tread*
…ペルフェッタはエプロンを頭からかぶって，**おいおい**泣いていた。　　　　　　　　　　　　　　　　　　　　　　（中野康司）

36

He continued scraping his feet **vigorously** while the three women went upstairs, laughing, to the ladies' dressing-room.
　　　　　　　　　　　　　　—— James Joyce: *Dubliners*
　彼がなおも足の雪を**ごしごし**こすり落としている間に，三人の女性は笑いながら階段を上って，婦人用化粧室へ行った。

　　　　　　　　　　　　　　　　　　　　　　（米本義考）

37

They turned onto the dirt road and the car raced **roughly** along in a swirl of pink dust.
　　　　　　—— Flannery O'connor: *A Good Man Is Hard to Find*
　土のままの道に入ると，車はピンクの土埃を巻き上げ，**がたがた**走った。　　　　　　　　　　　　　　　　　（横山貞子）

38

'Who wouldn't rather be alone?' said Lucy, rising **briskly** to her feet and clearing up the tea things ...
　　　　　　　　　　—— Margaret Drabble: *The Waterfall*
　「誰だってひとりの方がらくに決っているわよ」とルーシイはいうと，立ちあがって，**しゃきしゃき**と茶碗などを片づけはじめ

　　た…　　　　　　　　　　　　　　　　　　　　（鈴木建三）

《注》　英文では **briskly**（きびきびと）は rising のほうを修飾している。

39 ────────────────────────────────

　Her anger had backed up everywhere in her, it throbbed throughout her body, beat **cruelly** behind her eyes.
　　　　　　　　　　　　── Joyce Carol Oates: *Détente*

　　すると体のあちこちで怒りが顔をもたげ始め，体中を狂おしく駆け巡り，目の奥を**がんがん**叩きつける。　　　　　（荒このみ）

40 ────────────────────────────────

　Blood pumped from the hole in the rear of his skull onto the pale-green linoleum and spread in a thickening, dark-red puddle **slowly** toward her feet.　　── Russell Banks: *Lobster Night*

　　後頭部に空いた穴から，血がどくどくとペールグリーンのリノリウムの床に流れだし，しだいに濃くなっていく暗い赤色のたまりとなって，**じわじわ**と彼女の足下に向かって広がって来た。
　　　　　　　　　　　　　　　　　　　　　　　　（沖本昌郎）

〔4〕 日本語の作品で用いられたオノマトペとその翻訳例

　以上において，英文を翻訳するのに用いられたオノマトペの例を見てきたが，ここでは日本語の文学作品などで用いられたオノマトペとその翻訳例を見ておく。

■『雁』（森　鷗外）　(*Trans. by* **Kingo Ochiai** & **Sanford Goldstein**)

●　それは美男だということである。色の蒼（あお）い，**ひょろひょろ**した美男ではない。

　　　　What I really mean is that he was handsome.　But not

handsome in the sense of being pale and **delicately thin and tall**.

....

● 鳥は**ばたばた**羽ばたきをして，なきながらせまい籠の中を飛び廻っている。

　　A bird was rushing about inside, **flapping** its wings and shrieking.

....

● 石原の踏み込んだところを見ると，泥は膝の上までしかない。鷺のように足をあげては踏み込んで，**ごぼりごぼりとやって行く**。

　　When he stepped into the pond, the muddy water was just above his knees. Raising one leg at a time and planting each alternately, he **plodded on** like a heron.

■『暗夜行路』（志賀直哉）　(*Trans. by* **Edwin McClellan**)

● 阪口は新聞から眼を放さず，**にやにや笑っていた**。

　　Sakaguchi sat **smirking**, his eyes still fixed on the newspaper.

....

● 母は黙って私の頬をぐいとつねった。私は怒ってその手を**ピシャリと打った**。

　　Still saying nothing she reached for my cheek and gave it a quick, hard pinch. In fury I **slapped** her offending hand.

……………………………………………………………………

● 豊は半分眼を眠った儘お辞儀をして**ふらふらと**起って行った。

　In a stupor Yutaka stood up, bowed, and **tottered** toward the door.

■『銀河鉄道の夜』（宮沢賢治）（*Trans. by* **John Bester**）

● 壁の外から北の方，まるで雲霞の軍勢だ。**ひらひらひかる**三角旗や，ほこがさながら林のようだ。ことになんとも奇体なことは，兵隊たちが，みな灰いろで**ぼさぼさして**，なんだかけむりのようなのだ。

　Outside the walls to the north there lay a great armed host. A forest of bright, **fluttering** pennants and spears rose before their eyes. What made the scene particularly beautiful was that the soldiers were all gray and **shaggy**, so that they looked, almost, like a great column of smoke.

……………………………………………………………………

● すると俄かに白馬は，**がたがたがたがた**ふるえ出しそれからからだ一面に，あせとけむりを噴き出した。プー先生はこわそうに，遠くへ行ってながめている。**がたがたがたがた**鳴りながら，馬はけむりをつづけて噴いた。

　But suddenly the white horse began to **tremble and tremble**, and sweat and smoke began to pour forth from all over its body. Dr. Lin Pu retreated as though in alarm and stood watching from a distance. The horse's teeth and bones **rattled and rattled**, and the smoke went on rising from it.

■『雪　国』（川端康成）（*Trans. by* **Edward G. Seidensticker**）

● 　足が立たないので，体をごろんごろん転がして，…

　　And, unable to stand, she had **rolled** from side to side. ...

　　……………………………………………………………………

● 　いきなり机に倒れかかると，その上のものを酔った手つきでつかみ散らして，ごくごく水を飲んだ。

　　Flailing with a drunken arm at everything that happened to be on it, she poured herself a glass of water and drank **in great gulps**.

　　……………………………………………………………………

● 　自動車で十分足らずの停車場の燈火は，寒さのためぴいんぴいんと音を立てて毀れそうに瞬いていた。

　　The light in the railway station, not ten minutes away by taxi, flickered on and off as if **crackling** in the cold.

■『細　雪』（谷崎潤一郎）（*Trans. by* **Edward G. Seidensticker**）

● 　ぐずぐずしていて良い縁を逃がしてはと思ったので，…

　　... if they **frittered** away their time they would miss a good opportunity.

....

● 　と，或る時幸子は，「お宅のこいさんが奥畑の啓坊と夙川の土手
を歩いてはったのを見た」と云って，注意してくれた人があったの
で<u>**はっとした**</u>。

　　Then one day Sachiko <u>was **startled**</u> at a bit of news she
heard from an acquaintance: "I saw your Koi-san and the
Okubata boy walking by the river."

....

● 　幸子は実は，何か証拠のようなものを発見するのではあるまいか
と思って，それが恐さに出かけて来る時は気が進まなかったのが，
これなら来てみてよかったと<u>心から**ほっとして**</u>，…

　　She had been afraid she might find incriminating evi-
dence, and had for that reason dreaded the visit. Now,
however, she <u>was immensely **relieved**</u>, and thankful that
she had come. ...

■『野　火』（大岡昇平）（*Trans. by* Ivan Morris）

● 　林の蔭で兵士達の顔は<u>**のっぺり**と暗かった</u>。

　　In the shade of the trees, the soldiers' faces were <u>dark
and **expressionless**</u>;

....

● 　大きな鉄鍋がかけてあった。中には<u>黄色い**どろどろ**の液体</u>が泡を
吹いていた。

　　A large iron pot hung over a fire and in it bubbled <u>a</u>

mushy yellow liquid.

....

● 血だらけの傷兵が碌々手当も受けずに，民家の床に<u>ごろごろして</u>
　いる前で，軍医はまず肺病なんかで，病院へ来る気になった私を怒
　鳴りつけたが，食糧を持っているのを見ると，入院を許可してくれた。

In the hospital wounded soldiers <u>were **lying about**</u> on
rough wooden beds that had been requisitioned from civil-
ian houses.　The men were covered with blood and dirt,
but no one seemed to be doing anything for them.　When
the doctor saw me, he first lectured me severely for hav-
ing come to a field hospital suffering from consumption;
but when he realized that I had brought my own food, he
gave instructions for me to be admitted.

■『金閣寺』（三島由紀夫）（*Trans. by* **Ivan Morris**）

● 「おい，溝口」
　と，初対面の私に呼びかけた。私はだまったまま，**まじまじと彼を**
　<u>見つめた</u>。

"Hey, Mizoguchi!" he called out; this was the first time
that he had set eyes on me.　I **stared** at him without a
word.

....

● なぜ人間の内臓が醜いのだろう。……それは**つやつやした若々し**
　<u>い皮膚</u>の美しさと，全く同質のものではないか。

Why are a man's intestines ugly?　Is it not exactly the

same in quality as the beauty of <u>youthful, **glossy skin**</u>?

....

● 　私はどうしてだか，咄嗟(とっさ)に明瞭な返事をした。言葉は**<u>すらすらと</u>**<u>流れ</u>，意志とかかわりなく，あっという間に出た。

I do not know how, but at once I gave a clear answer. The words <u>flowed out **smoothly**</u>, without the slightest volition on my part.

■『斜　陽』（太宰　治）（*Trans. by* Donald Keene）

● 　顔を見合せ，何か，すっかりわかり合ったものを感じて，**<u>うふふ</u>**<u>と私が笑う</u>とお母さまも，**<u>にっこりお笑い</u>**<u>になった</u>。

We exchanged glances and experienced something like a moment of absolute understanding. <u>I **giggled**</u> and Mother's face <u>lighted into a **smile**</u>.

....

● 　私は将校のほうに走り寄って，そうして文庫本を差し出し，お礼を言おうと思ったが，言葉が出ず，黙って将校の顔を見上げ，二人の眼が合った時，私の眼から**<u>ぽろぽろ</u>**<u>涙が出た</u>。すると，その将校の眼にも**<u>きらりと涙が光った</u>**。

I ran up to him and held out the book. I wanted to express my thanks, but the words did not come. In silence I looked at his face, and when our eyes met, mine **<u>filled with tears</u>**. Then <u>tears **shone**</u> also in his.

....

● やがて十月になったが，からりとして秋晴れの空にはならず，梅雨時のような，**じめじめして蒸し暑い日**が続いた。そうして，お母さまのお熱は，やはり毎日夕方になると，三十八度と九度のあいだを上下した。

October came at last, but it didn't bring any sudden change to bright autumn weather. Instead, one hot, **humid day** followed another, rather as it does during the rainy season. And every evening Mother's fever hovered a little over a hundred.

....

《注》 最初の例文について。この作品には，他にもかなりの数の「笑う」が出てくるが，もと貴族のしとやかな物腰が身についた「お母さま」の笑いには，ほとんどすべて（laugh ではなく）**smile** が用いられている。「お母さま」に **laugh** が用いられる例は，「お母さま」を含めた二人または三人が笑うとき（We both *laughed.* We all three *laughed.*, etc.）などに限られ，人物にふさわしい動詞の使い分けに対する訳者の一貫した配慮が察せられる。

なお **giggle** は，この作品では，「うふふ」，「ふふ」，「くすくす」などに対して用いられている。

〔「笑い」を表わす語については⇨ p. 152〕

■『黒い雨』（井伏鱒二）（*Trans. by* John Bester）

● 暫くして重松が覗いて見ると，家内が矢須子の肩に顔を凭せかけて二人しくしく泣いていた。

After a while, Shigematsu went and peered in. His wife's face was buried in Yasuko's shoulder, and they were both **sobbing** quietly to themselves.

....

● 被爆者たちは畳の上に<u>ご**ろごろ**転がって</u>，みんな顔が焼け爛^{ただ}れて
いるから誰彼の区別もつかないのだ。

　The victims <u>were **sprawled about**</u> on the tatami; visual
identification was impossible since their faces, without ex-
ception, were burned raw.

....

● 一般被爆者の症状は，何ということもなく体がだるく重くなって，
数日にして頭の毛が痛みもなく**すっぽりと脱落し**，歯も**ぐらぐら動
きだして**抜けてしまう。<u>体が**ぐったり**となって死んでしまう</u>。

　The symptoms of radiation sickness usually began with
an unexplained lethargy and heaviness of the limbs.　After
a few days, the hair would **come out** without any pain,
and the teeth would **come loose** and eventually fall out.
Finally, <u>**collapse** set in</u> and the patient died.

§3　詩歌とオノマトペ

　一般的な散文の場合と比べ，詩や和歌・俳句などの場合は，切り詰めた
字数で，個人的な思いや観察を，個性的な表現で伝えようとするので，オ
ノマトペも，独特の描写性をもって，効果的に，（ときにユニークな言い
回しのものが）用いられることが多い。
　次に，オノマトペを用いた「詩」の例を（六つは英訳とともに）示し，
あわせて「和歌」と「俳句」の場合の生彩に富む例も（英訳なしで）示し
ておく。いずれも任意の配列による。

《1》「詩」

　詩の場合は，ふつう（長さの関係で）全文を示すことはできず，オノマトペのかかわる部分のみの引用になる。

● 裾野の枯林をぬらして
　小枝を**ピシピシ**折るやうな音を立てて
　夜どほし，雨がふつてゐた。

　息子よ。ずぶぬれになつたお前が
　重たい銃を曳きずりながら，喘(あへ)ぎながら
　自失したやうにあるいてゐる。それはどこだ？

金子光晴『富士』

　　　Rain poured down incessantly, soaking the hills,
　　　hitting the dead trees <u>with **crackling** splashes</u>,
　　　as if breaking off their slender limbs.

　　　Son, you're drenched,
　　　lugging a heavy gun, out of breath, lost,
　　　trudging in a daze. Where are you?

(Trans. by Arthur Binard)
〔次の五例も訳者は同じ〕

《注》 trudge 「とぼとぼ歩く」〔⇨ p. 149〕

● サーカス小屋は高い梁(はり)
　　　そこに一つのブランコだ
　見えるともないブランコだ

　　頭倒(さか)さに手を垂れて

汚れ木綿の屋蓋（やね）のもと
ゆあーん　ゆよーん　ゆやゆよん

中原中也『サーカス』

High overhead, from the big top's crossbeam,
　　hangs one flying trapeze,
　　　　just a wisp of a trapeze,

Then the trapeze artist swings out, upside down,
　　arms dangling under the stained canvas ceiling,
　　　SEEEEEEE SAAAAAAAW, SEE and SAW.

《注》　**trapeze** [træpíːz]　「空中ぶらんこ」

● 夕飯の食卓で
　僕は小学校三年生の息子と向き合い
　妻は大学生の娘と向き合って坐る
　「早く死んでくれないかなぁ　よっぱらいお父様」
　そう言って息子は**じろり**と僕の顔を見る
　さすが一瞬妻も娘も鼻白む
　だから僕は笑って言ってやるのだ
　「こんな言論の自由なところって　どこにあるかい」

黒田三郎『自由』

At the dinner table we sit, family of four.
I face our son, a third-grader in elementary school.
My wife faces our daughter, a university student.
Suddenly, the boy **glares** at me and says,
"Dad, if you're gonna drink yourself to death,
the sooner the better."
Wife and daughter fall silent —— an awkward moment.
So with a laugh I declare, "Now where else on earth

do people enjoy such freedom of speech!"

《注》 glare 「にらみつける」〔⇨ p. 153〕

● あおぞらのふかいところに
　きらきらひかるヒコーキ一機
　するとサイレンが**ウウウウウ**
　人はあわててけものをころす
　けものにころされないうちに
　なさけぶかく用心ぶかく

　ちょうど十八年前のはなし

岩田　宏『動物の受難』

　　High in the bowels of the blue sky
　　An airplane **glitters**
　　Air-raid sirens wail *Uuuuwoooooo*
　　"The animals might get out and kill us!"
　　The people kill the animals first
　　With caution and sympathy

　　It happened just eighteen years ago

　《注》 glitter 「きらきら（ぴかぴか）光る」〔⇨ p. 144〕

● **まじまじ**と見入り
　あなたの先祖はパミール高原から来たんだ
　断定的に言われたことがある
　目を瞑ると
　行ったこともないパミール高原の牧草が
　匂いたち
　たぶん　そうでしょう　と私は答えた

茨木のり子『顔』

Once, after <u>a long, hard stare</u> at my face,
a man declared, "Your ancestors came
from the Pamirs, for sure."
I closed my eyes and there
in Pamir, where I've also never been,
fragrant alpine grasses wafted ....
"Yes, I imagine you're right," I replied.

《注》 waft 「ふわふわと漂う，漂い動く」

● うすき日かげに
駱駝つながれ居る。
老いたる人のごとく
<u>もぐもぐ</u>と終日もの食みてゐる。
天幕は雪空のごとく
灰ばみ悲しげに吊られ
駱駝もの言はず
ひねもす口を動かして居る。

室生犀星 『駱駝』

In the dim light a camel stands
with a tether around its neck,
<u>**chewing and chewing**</u>, moving its mouth
the way old people do.
The tent's ceiling hangs limp and gray
like an overcast sky before it snows,
and the camel says nothing,
but moves its mouth all day.

《注》 tether 「（家畜などをつなぐ）綱，鎖」

★以下の全ての作品には英訳はついていません。

●私は0をふくらます，
　ゴム風船のように，あたたかい私の息で
　この世の中のいっさいの0
　はてしない虚無（きょむ）を
　両手の中で**プウプウ**とふくらます。

石垣りん『0』

●一人でいるとき淋しいやつが
　二人寄ったら　なお淋しい
　おおぜい寄ったなら
　*だ だ だ だ だ*っと　堕落だな

茨木のり子『一人は賑やか』

●あの寂しさが人人のからだから湿気のように大きくしみだし，人人の
　　うしろに影をひき，
　さら，さら，さらさらと音を立て，あたりにひろがり，あたりにこめ
　　て，永恒から永恒へ，ながれはしるのをきいた。

金子光晴『寂しさの歌』

●監房の高い窓硝子に
　さらさらさらと粉雪が吹きつける
　私はお前に
　片仮名ばかりの手紙を書く
　久しく会わぬ娘よ
　お前はふるえながら
　けさも学校へ上っただろうか
　学校までの遠い道程（みちのり）よ

壺井繁治『雪の日に』

●**ひゆひゆらひゆひゆら**と
　吹くは孤独の笛に候
　あはれいつよりか
　ぴえろは涙を忘れけむ

深尾須磨子『牝鶏の視野』

●当世のさかなは
氷のマントを着こんで
カッコンカッコン下駄ばきでくる

新川和江『感傷の秋』

《2》「短　歌」

朝風にさからひて走る。**りんりん**と身は空に鳴り
たましひ遊ぶ

岡野弘彦

ぽんと腹をたたけば**ムニュ**と蹴りかえす
なーに思っているんだか，夏

俵　万智

わらわらと笑ひ初めたる森の木の巣箱に**わらわら**日輪も寄る

三輪タマオ

わが頬を打ちたるのちに**わらわら**と泣きたきごとき表情をせり

河野裕子

店先に**ゴロニャゴロニャ**と背を擦る痒くてならぬ自転車屋の猫

大谷睦雄

きのふ歯を治療せし猫**わあわあ**と鳴きしがけふは普段のあくび

砂田真綸香

昼寝より覚めし亀らは淀みたる堀川泳ぐ**のめりのめり**と

勝部秀明

昆布だしのうどんの湯気に**あわあわ**と
語るあなたを愛したことを

東　直子

正月の廊下に**ぬつ**とあらはれし黒大時計大叔母のいへ

米川千嘉子

振り向けば山裾の傾りひとところ紅梅白梅**ほわん**と煙る

木村恵子

わあと鳴る桜**ほっほ**と息をつぐ桜散るまで走る花の日

梅内美華子

つんつんつん若きみどりの萌ゆる午後ひとに遅れて珈琲を飲む

内藤　明

ゆわわんとあぢさゐ青く揺れてゐる首傾けた少女のやうな

尾崎まゆみ

ひぐらしは鳴きそめにけりひっそりと
ごーっごーっと暮れる林に

傳田　宏

這ひ這ひから**ふはつ**と立ちし子の軽き
おどろきに遇ふはつなつの縁

伊藤俊雄

少しづつ蒔きし野菜が**ざはざは**と茂りたちたり秋のひかりに

田中江子

米櫃に新米いれれば**サヤサヤ**と稲穂のそよぎ広がりて見ゆ

久保田智子

小春日を背中に負いたる老人が
ほたほた来たりて**ほたほた**と去る

加藤みづ江

からっぽのコップにかあさん**コポコポ**と
ぎゅうにゅうそそいで今日がはじまる

伊藤　亮

にっぽんへ帰る弥生のその日まで
仏語辞書引く，**ひしひし**めくる　　　　　　　　　松平盟子

これほどに**ねちねちねち**の国会の様見せらるる民の辛さよ
　　　　　　　　　　　　　　　　　　　　　　　　杉浦とき子

ほんとうは悲しいくせに**けたけた**と笑う。
人とは悲しいいきもの　　　　　　　　　　　　　　原田由樹

きうきうとこする鏡にあらわるる我妹（わぎも）の顔は夕日なりけり
　　　　　　　　　　　　　　　　　　　　　　　　加藤治郎

すでにわが昭和はむかしとなる年か**ひくひく**走るクオーツの針
　　　　　　　　　　　　　　　　　　　　　　　　篠　弘

じりじりと心がゆれる
戦争へ向かう世の中
今止めざれば　　　　　　　　　　　　　　　　　　倉見和枝

《3》「俳　句」

夏の猫**ごぼろごぼろ**と鳴き歩く
　　　　　　　　　　　　　　　　　　　　　　　　金子兜太

みんみんの**びいんびいん**と間近かなる
　　　　　　　　　　　　　　　　　　　　　　　　本井　英

こんこんと咳してとほる返り花
　　　　　　　　　　　　　　　　　　　　　　　　石田郷子

梅林を抜けて**どかん**と太平洋

関根和夫

睡蓮の**すつくすつく**と城の濠

向井克之介

あめんぼの水**うすうす**と流れけり

紙田幻草

きこきこと歩く野川のもくず蟹

石橋富子

猪（いのしし）のように生きたい**どんぶらこ**

大角真代

上げ潮に**ざざ**とかたまり夜光虫

吉房山鴬

まるまると**ゆさゆさ**とゐて毛虫かな

ふけとしこ

六月を**ぐっちゃぐっちゃ**に踏み潰す

尾上有紀子

夏休み**ころころ**と子の尻こぶた

辻田克巳

若者のことば**ギザギザ**卒業す

竹田藤太

がやがやと女乗り込む霧のバス

越前春生

信号が**ピカピカ**チュウい止まろうね

金子広夢

冷蔵庫**パカッ**とあけて涼む私

鈴木繭美

麦秋のソース**じやぶり**とアジフライ

辻　桃子

山に雪**どかつ**とパスタ茹でてをり

松永典子

そろばんが脳を**パチパチ**刺激する

松浦輝美

鳥雲に**しくしく**薄る骨密度

内田美紗

春の空**うろうろ**生きて古稀真近

柴山芳隆

夏遍路欲だらけなり**とぼとぼとぼ**

金子兜太

三月の甘納豆の**うふふふふ**

坪内稔典

見送るや春の潮の**ひたひた**に

夏目漱石

我村は**ぼたぼた**雪の彼岸かな

小林一茶

索　引　〔数字はページを示す〕

オノマトペ索引 〔数字はページを示す〕

本書は，聖文新社より 2012 年に発行された『誤訳の常識』の第 1 刷（2012 年 11 月発行）を、新装のうえ，原書通りに復刊したものです。

誤訳の常識

2021年7月31日　初版第1刷発行　　　　　　　［検印省略］

著　者　　　　中原道喜
発行者　　　　金子紀子
発行所　株式会社　金子書房

〒112-0012　東京都文京区大塚 3-3-7
電話 03-3941-0111 (代表)　FAX 03-3941-0163
振替 00180-9-103376
URL https://www.kanekoshobo.co.jp
印刷・製本　株式会社三島印刷

©Michiyoshi Nakahara, 2012　Printed in Japan
ISBN　978-4-7608-2015-3　C3082

中原道喜 著　英語関連図書・参考書

誤 訳 の 構 造　定価　本体 2,000 円＋税

　明解な文法的・語法的解明を通して，誤訳のなぞ解きを楽しみながら，英文の正しい読み方・訳し方をマスターする。

誤 訳 の 典 型　定価　本体 2,000 円＋税

　文学や各種の著作から，映画の字幕・広告・歌詞・大統領のスピーチまで，多種多様な典型例から「真の読解力」を身につける。

新 マスター英文法　定価　本体 2,000 円＋税

　文法は「正しく読み・書き・話す」ための土台。「必要かつ十分な知識」を易しく多様な例文で，縦・横・斜めから解りやすく説く。

〈新訂増補〉
マスター英文解釈　定価　本体 1,700 円＋税

　高校英語を完修し，入試に必要・十分な解釈力を、体系的・総合的に養成することを目的とした学習書。

〈近刊〉
新 英 文 読 解 法

　多岐にわたるテーマの現代英語の名文を材料に，基本文法や構文をベースとして，小手先でない本物の読解法を解く。